中国最凶の呪い【新装版】

蠱毒

ko-doku

漢方医・養生医学研究協会会長
村上文崇

彩図社

前書き

呪殺。それは人を呪い殺す呪術の奥義である。呪力による禍はある日突然訪れる。事故、災害、犯罪。呪力はこうした災厄の発生をコントロールできるとされてきた。

蠱毒《こどく》も例外ではない。蠱毒は人の命を奪う呪術、呪殺の手段の中で、最凶の邪法として畏怖されているのだ。

蠱《こ》が恐れられているのは単に人の命を奪うからではない。蠱は人を病の苦しみに沈めるのだ。蠱の呪力に憑かれた人は、何か月も、何年も、病の苦しみに苛まれ、絶望の果てに命を落とすのである。これほど悲惨な死に方はない。だから蠱毒は恐ろしいのだ。蠱毒は、数ある中国呪術の中で、最も禍々しい邪術なのである。

蠱という名称自体は、中国ではもちろん、日本でも広く知られている。しかし、その実態は明らかではない。

蠱の漠然としたイメージは次のようなものだろう。

蜈蚣《むかで》、蠍《さそり》、蛞蝓《なめくじ》、毒蛇、蜥蜴《とかげ》……。毒針、粘液、強靭な牙、獰猛な食欲を持つおびただしい数の毒虫、爬虫類、小動物を狭い容器に閉じ込め、互いに殺し合い、食い合いをさせる。やがて一匹だけが生き残る。それが蠱だ。

もちろん、このイメージは誤りではない。しかし、蠱を作ることは蠱術《こじゅつ》の一部であって、全体ではない。

蠱はどのような姿をしているのか、蠱をどのように利用するのか。それだけでも、大きな謎である。

しかし、それだけではない。中国史に詳しい人なら、隋代の中国社会を騒がせた猫鬼《びょうき》をご存知だろう。猫は死ぬと鬼になる。その鬼が猫鬼である。猫の霊と言っても、猫の妖怪と言ってもよかろう。蠱師《こし》は猫鬼を操ることができる。蠱師に操られる猫鬼は猫蠱《びょうこ》とも呼ばれるのだ。蠱師が操るのは虫から作られる蠱だけではない。毒虫に殺し合いをさせることは、蠱術の必須の要素ではないのである。

猫で呪い、虫で殺す。

つまり蠱術は、生命体を媒介にした呪術である。それが、ひとつの理解だ。しかし、これにも例外がある。平安時代の日本でも蠱術は行なわれていた。このときに用いられていたのは、人形《ひとがた》や土器《かわらけ》である。つまり、無生物を呪物として利用する蠱術も存在するのだ。安倍晴明が用いたとされる式神も、紙人蠱《しじんこ》の一種であったと考えられる。

あるときは虫、あるときは猫、あるときは紙。蠱は多様であり、捉えどころがない。蠱とは一体、何なのか？


呪術には通常、一定の形式が存在する。例えば日本の「丑《うし》の刻参り」では、藁人形、五寸釘、三本の蝋燭《ろうそく》、白装束などを用意し、神社の境内という「場」や丑の刻という「時」に関する呪式を守ることによって、呪詛が成就するとされている。

当然、蠱術にも蠱術独特の呪式がある。しかし、ひとつの決まった呪式があるわけではない。毒虫に食い合いをさせて蠱を作り出す方法は、蠱術の呪式の一例であり、全てではないのだ。

日本の蠱が、ある時は人形、ある時は土器、ある時は狗神、ある時は狐憑きと考えられてきたように、中国の蠱術も、ひと言でいい表すことができない多様性を秘めている。

金蚕蠱《きんさんこ》、鶏鬼《けいき》、三屍蠱《さんしこ》、牛皮蠱《ぎゅうひこ》。現代中国の霊的な世界には多種多様な蠱が蠢いている。それぞれの蠱を生み出す呪式は一様ではない。

丑の刻参りは、特定の呪式による呪詛であるが、蠱術は、その中に多くの呪式を含む呪術の集合体なのである。

蠱術が丑の刻参りと異なるのは、呪式の多様さばかりではない。中国では効果的な呪詛を行うには、形式もさることながら、誰が呪詛を行うか、という点も重要であると考えられている。

つまり、呪式さえ整えれば、蠱術が成就するのではなく、蠱術を行うには、特殊な能力なり、知識なり、修養なりが必要なのである。何の素養もない一般人が、呪式だけを真似ても、呪力は生じない。これが、中国の常識だ。

中国には、蠱術の秘儀に通じ、呪力を具えた能力者がいる。そうした人物を蠱婆《こば》、草鬼婆《そうきば》などと呼ぶ。蠱婆は、かつて中国に「いた」のではない。今でも「いる」のだ。そして蠱婆は、今でも恐れられ、敬遠され、中国社会の片隅で、ひっそりと暮らしている。

蠱婆の実態。蠱に呪われた被害者の末路。蠱を扱う者の宿命。こうしたことも、蠱術の謎の一部なのだ。

古代から現代まで脈々と受け継がれて来た蠱術の謎に肉薄し、知られざる蠱術の謎を白日の下に晒す。それが本書の目的である。

【新装版】
中国最凶の呪い　蠱毒　目次

第二章　現代中国の蠱術　七一

第三章　造蠱の方法　一三九

第四章 蠱の不気味な多様性……一七一

第五章 蠱毒からの逃避 二一五

第一章 古文書の中の蠱

◆蠱とは何か

皿の上で虫が蠢く「蠱《こ》」という文字。この不気味な文字は中国最古の文字記録に記されている。蠱はその後も中国の古文書にたびたび登場する。それだけではない。蠱は現在の中国でも謎に満ちた呪術として畏怖されているのだ。

有史以来、連綿と続く蠱の歴史。中国の怪異、中国の呪術を語るとき、蠱は避けて通れない存在なのだ。

では、蠱とは何か。

実は、蠱が意味するものは単純ではない。あるときは狗《いぬ》の妖怪、ある時は猫の妖怪、ある時は蛇の怪物、またある時は毒を帯びた妖虫。歴史を振り返ると、蠱はあまりにも多様で捉えどころがない。

しかし蠱と呼ばれてきたものたちをひとつひとつ凝視すれば、表の顔のむこう側に、ある共通の姿が透けて見えてくる。その姿こそが蠱の本質なのである。その姿を透視するには、様々な蠱を知ることが必要だ。

そこでこの章では、古文書に記録されてきた蠱がどのようなものであったかを振り返ろう。

あるときは動物、ある時は無機物、ある時は毒虫、ある時は無形の妖気。千変万化する蠱。それぞれが別物のような蠱。しかし、それぞれを見比べているうちに、それらがどれも蠱とよばれてきた理由が浮かび上がって来るだろう。

だがその前に、特殊な言葉の説明をしておかなければならない。蠱にまつわる話には、独特な用語が用いられるからだ。しかも人によって用いる用語が異なり、混乱の元となる。本書では、できるだけ同義語を使わず、以下の言葉で統一しようと思う。

◇蠱術

蠱術《こじゅつ》を表す言葉には巫蠱《ふこ》、放蠱《ほうこ》、下蠱《げこ》、蠱毒《こどく》などがあり、それぞれの言葉は輪郭があいまいなまま、ほぼ同義語のように用いられている。

本書では蠱を用いる呪術、あるいは蠱を媒介にする呪術を「蠱術」という言葉で統一する。ただし、漢代の巫蠱事件のように、歴史的な事実を紹介する場合などには「巫蠱」を用いることもある。

◇蠱師

蠱術を行う呪術師を表す言葉は、シャーマンを表す方言などが入り乱れて、実に多様である。

現代中国では蠱婆《こば》、草鬼婆《そうきば》という表現が主流であるが、これは現代中国の蠱師《こし》が通常女性であると考えられていることからくる用語法である。

しかし、この考え方は、近年の中国の特徴である。歴史を遡れば蠱師は女性であるとは限らない。また、現代中国にも男性の蠱師が存在する。

したがって本書では、蠱術を行う呪術師を「蠱師」と表現することにしよう。

◇造蠱

蠱術の呪式は、何らかの小動物を飼育することと関連付けられていることが多い。蠱術の呪式の一環として小動物を飼うことを造蠱《ぞうこ》、作蠱《さくこ》、畜蠱《ちくこ》、養蠱《ようこ》などと表現する。

しかし小動物の飼育は蠱術の必須の要素ではない。動物の死体や無機物を利用する蠱術も存在するからだ。

したがって、畜、養など、生物を飼い、育てることを前提とした言葉ではなく、本書では基本的に「造蠱」という言葉で統一する。

◇中蠱

蠱術には通常呪詛の対象となる人物がいる。その人物が呪詛の影響を受けることを「蠱に中《あた》る」という。だから「中蠱《ちゅうこ》」は蠱に中ること、蠱の影響を受けることを意味する。

◇蠱病

中蠱した人は、多くの場合、何らかの病気に罹ったかのような症状を呈する。このような症状は、過去の中国の医学界では、病気の一種とみなされていた。その総称が「蠱《こ》病《びょう》」である。蠱病は一般的な病気とは異なる。一般的な病気には医学的な原因があるが、蠱病の原因は呪詛であり、呪術である。蠱病は医学的な治療では治すことができないとされている。

◇解蠱

中蠱した人は多くの場合、一定の期間が経過すると死ぬと考えられている。しかし蠱術の影響を解くことにより助かることもある。

いったん蠱術の影響下に置かれた人から蠱術の影響を取り除くことを解蠱《げこ》、破蠱《はこ》などという。本書では「解蠱」で統一する。

なお、解蠱の作用をもつ薬を解蠱薬という。

以上の基本用語を理解したところで、蠱の歴史を振り返ることにしよう。

◆甲骨文字の時代

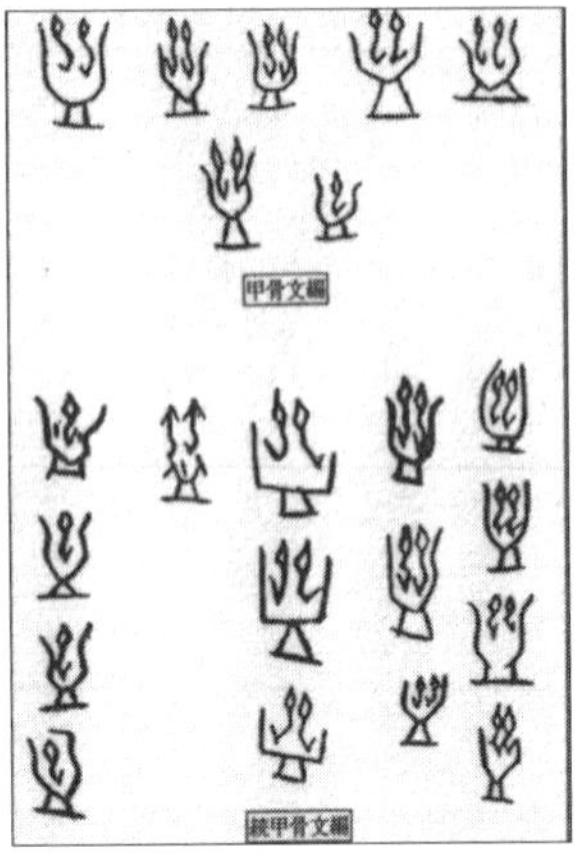

甲骨文字の「蠱」(画像出典：水上静夫編『甲骨金文辞典 下巻』雄山閣 1995)

甲骨文の拓本(画像出典：落合淳思著『甲骨文字小字典』筑摩書房 2011)

蠱は早くも甲骨文字の中に登場する。

甲骨文字は中国における最も古い文字。漢字の原型である。その姿は、文字というよりも線画のようであり、生々しく躍動感に満ちている。甲骨文字を眺めているだけで、時の経つのを忘れてしまうくらいだ。

言うまでもなく、亀の甲羅や動物の骨に刻まれていることが、甲骨文字の名の由来である。

甲骨文字は情報を記録するためではなく、神意を推し量るために用いられた。文字を刻んだ甲骨に熱を加えるとヒビが入る。そのヒビの入り方によって、吉凶を占ったのだ。だから甲骨文字は卜辞《ぼくじ》とも呼ばれている。

中国では契文《けいぶん》とも呼ばれるが、これは甲骨に「刻み付けられた文字」という意味である。同じ理由から殷契《いんけい》という呼び方もある。殷契の「殷」は言うまでもなく、文字を刻んだ甲骨が大量に出土した殷の遺跡、殷墟[1]を意味する。

殷は実在が確認されている中国最古の王朝である。その時代に蠱は既に存在していたことになるのだ。

甲骨に刻まれた文字列は、例外的に長いものもあるが、大多数は数文字の短いものである。具体的には、例えば次のような文字列である。

王疾蠱
母丙亡蠱

一切の無駄を省いた神との対話。一文字一文字に、血が滲み出すような念が込められている。神は文字に込められた意図の全てを了解し、神託を下した。

しかし現代の我々には、あまりにもシンプルである。これだけの情報では、当時の蠱が何であったのか特定することはできない。

[1] 殷墟：河南省安陽市の西北郊に位置する。殷王朝後期に殷の都が営まれたと伝えられている。

だから蠱と同時に現れる文字、例えば、疾、亡などの文字から意味を推察するしかないのだ。

◇病名説と病因説

推察。それは学者の素養、学識、立場によって、いかようにも変化する想像力の産物である。だから甲骨に刻まれた蠱が何を意味するかについては、学者の数だけの解釈がありうる。

しかし興味深いことに、学者による解釈の幅はそれほど広くはない。私の見聞によれば、およそふたつのタイプに分けられる。

ひとつは、蠱は何らかの病気を表すという解釈である。つまり蠱は「病名」だというのだ。

例えば骨の病気であるという説がある。また虫歯（齲《う》歯《し》）を意味するという説もある。これらは蠱という文字が、他のどのような文字とともに用いられているか、という分析に基づくものだという。

もうひとつの解釈として、蠱は病名ではなく、病気の原因を表す文字だという説がある。つまり蠱は「病因」だというのだ。

腸に寄生する寄生虫説、血液中に寄生する寄生虫説などが、病因説の例である。

これは蠱という文字に含まれる「虫」という要素の存在感を背景にした解釈であろう。特に腸に寄生する寄生虫なら当時の人々も実際に目にしたに違いない。そして、それが例えば腹痛などをもたらす病気の原因と考えられたとしても不思議はない。

また、単に蜂や毛虫のような害虫を意味するとの説もある。毒虫に刺されると軽い場合は肌に小さな腫れができるだけで済むが、スズメバチのような虫に刺されれば死亡することもある。肌の腫れも、死に至る症状も、病気の一種であると言えなくもない。つまり蠱を害虫だと考える説も、病因説のひとつなのだ。

ここまでは常識的な解釈であると言えよう。しかし病因説の中には、寄生虫説や毒虫説とは全く様相が異なる意見が存在する。

例えば次のような解釈がある。

蠱とは刑死した者の怨霊である。

この解釈は、蠱を病気の原因ととらえる点では寄生虫説と同じであるが、それを目に見えるものではなく、霊的なもの、超自然的な存在であるととらえている点において、全く異なる解釈である。

この解釈は、病気は怨霊によってもたらされる一種の災厄である、という観念の存在をも示唆している。

古代社会においては、具体的に目に見える寄生虫が病気の原因であるという観念よりも、霊的なもの、中国で一般的に「鬼」と表現される目に見えない力が病気の原因だ、とする観念が一般的だったとしても、不思議ではない。

人類は、原初的には、霊的なものが病気をもたらすという観念に支配されており、その観念の呪縛から徐々に解放されて今日に至った、というのが違和感のない歴史観であろう。そうであるからこそ、蠱が怨念という霊的な存在であったとする解釈には、特に大きな無理は感じない。

さらに別の解釈として、そもそも甲骨文の中に出現する蠱は、当初から人為的に作られた呪詛の手段としての蠱を意味していたとする説もある。

この説は、皿の上に複数の虫を書く「蠱」という文字の構造に着目している。皿の上に虫を載せ、互いに捕食させるイメージ。これは蠱に対して現代の多くの中国人が抱く共通認識と重なる。恐らく、蠱に興味をもつ日本人も同じであろう。

しかし、この解釈については、後世になって固まった蠱についての観念を甲骨文字の解釈に都合よく押し込んだものだという批判がある。

当時すでに蠱虫《こちゅう》を人為的に作り出す呪法があったとすれば、それを示す何らかの記録があってしかるべきだ。

しかし、甲骨に残された文字列からは、何者かが呪詛の手段として蠱を作り出していたことを推知させる情報は見出せないのである。

甲骨文字は、あまりにも簡素でそっけない。あまりにも情報が限定されている。だからと言って、この時代の蠱の意味がどのように解釈されているかを一瞥することは無駄ではない。

甲骨文字の時代の蠱について、記憶にとどめておいていただきたいのは、以下の点である。

この時代の蠱が何者であったかについては、どうしても想像力に頼らざるを得ない部分が多い。しかし、それにもかかわらず、蠱が「病気」と関連がある文字であると解釈されていることは注目に値する。

この特徴は、三千年以上の時を経て、現代中国において蠱がどのように認識されているかを知るとき、大きな感慨を与えるのである。

◆最古の方書・『五十二病方』

一九七〇年代に湖南省長沙《こなんしょうちょうさ》[2]において、前漢時代の大規模な墳墓が発掘された。世に言う馬王堆漢墓《まおうたいかんぼ》[3]である。

中国には古くから、盗墓賊と呼ばれる盗掘の専門集団がいて、古い墳墓は盗掘の被害に遭っていることが多いのだが、馬王堆漢墓は、ほぼ無傷のまま発見された。

おびただしい数の副葬品の中には、多数の帛書《はくしょ》が含まれていた。帛書というのは絹製の文献である。当時はまだ木簡が用いられていた時代であるから、帛書はかなりの贅沢品だったに違いない。

だから馬王堆漢墓から出土した多数の帛書は、墓の主の富と権力を見せつける証拠のひとつでもある。しかしそれだけではなかった。

馬王堆漢墓で発見された帛書には、当時、誰にも知られていなかった情報が記録されていたのだ。その内容は易学、兵法、地理、医学など、幅広く、学術的な価値は計り知れない。馬王堆漢墓は、タイムカプセルに封入された古代の図書館と言っても過言ではないのだ。

---

[2]長沙：湖南省の省都。洞庭湖に南から注ぐ湘江の両岸に発達した都市である。

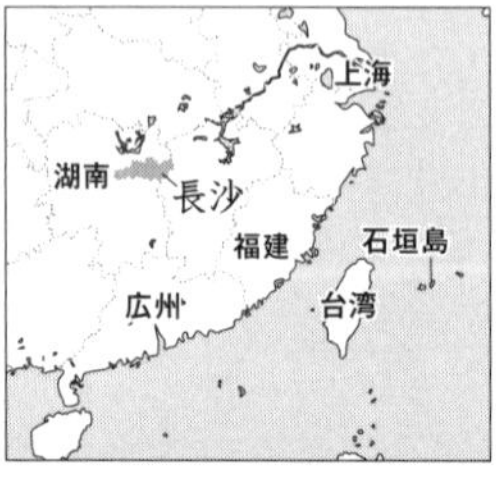

[3]馬王堆漢墓：前漢初期の長沙で丞相をつとめた利蒼、その妻、息子の墳墓。

発掘された帛書の中に『五十二病方《ごじゅうにびょうほう》』[4]と名付けられた医学書がある。今日の中国では、医学史に多少なりとも関心があれば、必ずその名を耳にする文献である。『五十二病方』の発見は、中国の医学史を塗り替えた。なぜなら『五十二病方』は、現存するどの方書《ほうしょ》よりも古い方書だったからだ。

方書という言葉は聞き慣れないかもしれない。日本語では「医方書《いほうしょ》」と表記されることも多いようだが、そう説明しても医方書が何かを理解できる人は、日本では、漢方の専門家くらいだろう。

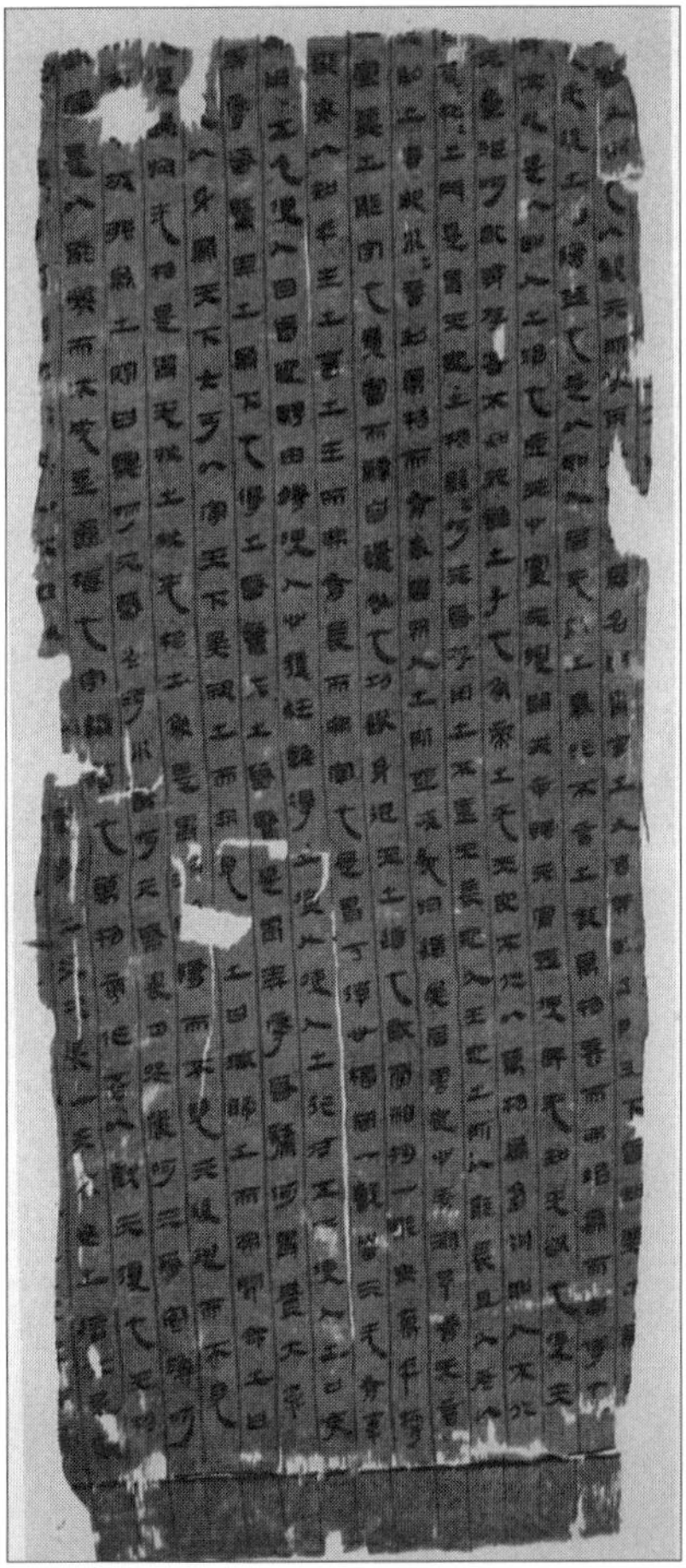

馬王堆漢墓3号墓で発見された帛書

[4]五十二病方：五十二病方は墓からの発掘品であり作者は不明である。また五十二病方という名も発掘後に学者によって命名されたものであり、同名の書物があるわけではない。

日本で漢方薬と呼ばれているものは、通常は、いくつかの薬を混合したものである。自然採取した薬は、特定の方法で加工し、一定の割合で混合することにより、初めて病気の治療に用いることができる。

病気の治療に用いる段階まで作り込まれた薬を漢方の世界では「方剤《ほうざい》」と呼ぶ。方書または医方書とは、方剤の作り方や解説を記した文献を意味する言葉なのだ。つまり『五十二病方』は、現存する最古の漢方方剤解説書なのである。

◇『五十二病方』に記された蠱病の治療法

馬王堆漢墓の発掘は、中国の呪術研究家にとっても、無視できない影響を与えた。『五十二病方』には蠱病の治療法が示されていたからだ。

『五十二病方』は、まぎれもない医学書であるが、蠱病の治療法を読むと、当惑せずにはいられない。あまりにも奇怪な治療法が示されているからだ。読んでいると、行間から妖気が立ちのぼるかと思われるほどだ。

具体的には次のような治療法が記録されている。

蠱病を患ったときは、コウモリを柴で焼いて服用し、コウモリに体内の邪気を食べさせる。

この「治療法」は、ふたつのことを前提としている。ひとつは、蠱病は邪気によるものだということ、もうひとつは、コウモリが邪気を食べるということだ。しかも生き物としてのコウモリが邪気を食べるのではない。コウモリの霊力あるいは呪力が邪気を制圧するのだ。

この時代の蠱病は霊的なものであり、治療法も霊的あるいは呪術的なものであったのだ。さらに次のようにも記されている。

蠱病を患ったときは、女子布《じょしふ》を焼いた灰を服用する。

この時代の「女子布」という言葉は、特別な女性の織子が作るある種の布を意味することもある言葉であるが、中国の『五十二病方』の現代語訳を見ると、女性の月経血が染み込んだ布であると解釈されている[5]。『五十二病方』の他の部分と照らし合わせると、この解釈で間違いないだろう。つまり今日でいう布ナプキンに相当するものを焼いて、灰にしたものを服用するというわけだ。

中国には悪鬼は穢れたものを恐れるという観念があり、月経血は穢れの象徴であることから、体内の邪気を追い出すという意味でこのような「方剤」が用いられたのだろう。

[5] 女子布：献上品の布を「女子布」と呼ぶ例もある。

蠱についての記述はこれだけではない。

蠱病を患ったときは、北向きの門を開き、両側の桃[6]の枝を取り、これを燃やして灰にする。

羊[7]の臀部の肉をよく蒸して羊のスープを作り、桃の灰と混ぜて患者に服用させ、体を洗う。

この場合の桃の枝は「桃符《とうふ》」と呼ばれる魔除けの護符であるとの解釈もある。桃は伝統的に魔除けの力を具えた植物であると考えられているから、この「方剤」は桃の呪力によって体内の邪気を制圧するためのものであろう。

蠱についての記述はまだある。

蠱病を患ったときは、黒い雄鶏一羽と蛇一匹を切り分けて釜に入れ、蓋をして、東向きの竈を用いて、焦げ目がつくまで火を通す。

火を通した肉は直ちに取り出して保存する。

その粉を三回つまんだ分だけ酒または粥に混ぜ、患者に一日一回、毎朝与えれば、薬が全てなくなる頃には病が癒える。

[6]桃：中国には古くから桃は魔除けの霊力をもつ神木であるとの観念がある。このため中国ではあらゆる装飾に桃の図案が好んで用いられる。また新生児の腕には、桃の種から作られる桃籃（とうらん）というアクセサリーをつける習慣がある。これも魔除けのためである。

[7]羊：羊は犬と同様に「陽畜」であるとされている。陽畜を殺して蠱を畏怖させる方法は後に紹介する。

さらに、もうひとつある。

蠱病を患ったときは、未婚女性の月経布を水に浸して汁を取り、桂《けい》[8]の粉を混ぜる。患者に匂いを嗅がないように注意して、酒を加えて服用させる。

これは「女子布」を用いる方剤と同じ発想から生まれた治療法であろう。

甲骨文字の時代には蠱の性質は明確ではなく、霊的な存在であるとの解釈が可能であると同時に、寄生虫という具体的な病原体を意味するとの解釈も可能であった。

しかし『五十二病方』の蠱は、明らかに霊的、呪術的な存在だ。

馬王堆漢墓が造営された時代は、甲骨文字の時代から千年以上隔たっている。その間、蠱は明確に霊的な存在であると認識されるようになっていたのだ。

このことを示す資料は『五十二病方』だけではない。

◇『神農本草経』

蠱が霊的な病気の原因であるという観念は、秦から漢までの中国医学の集大成とされている『神農本草経《しんのうほんぞうぎょう》』[9]にも見出すことができる。

[8]桂：文中の「桂」は桂枝または桂皮を指すと思われる。これらは現在でも多用される漢方薬である。スパイスの一種であるシナモンとほぼ同じ植物なので、漢方薬に馴染みのない方にも、どのような植物かおわかりいただけるだろう。薬としての効果を期待して加えられたのか、匂い消しとして加えられたのかは断定のしようがない。

[9]神農本草経：医学の神である神農が著したとされる医学書。実際には後漢末期ころまでに複数の医学者によってまとめられた書物だと解されている。

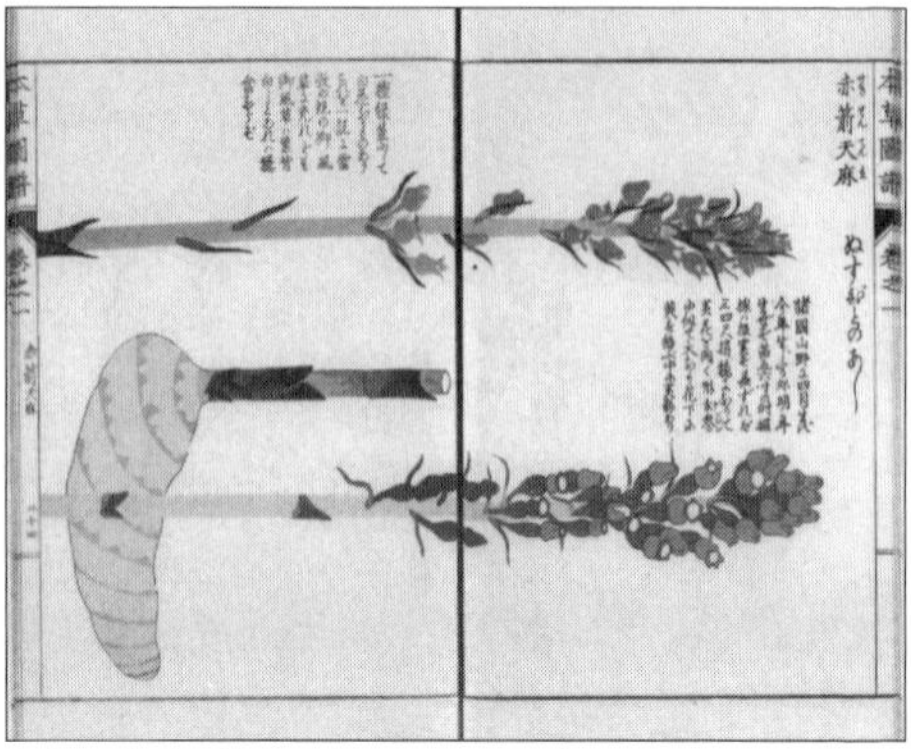

右側が赤箭、左側に描かれている根の部分が天麻（画像出典：岩崎常正著『本草図譜』国会図書館蔵）

『神農本草経』は漢方医学界のバイブルだ。『五十二病方』が最古の方書なら『神農本草経』は最古の本草書、つまりこの場合は薬物辞典である。

その『神農本草経』にも蠱は記載されている。その気になって探せば、蠱病に治療効果を発揮するとされる薬物は少なくない。

例えば現在でもよく使われる天麻《てんま》[10]という漢方薬がある。天麻は植物の地下部分であるが、その地上部分を「赤箭《せきせん》」という。赤箭のほうは現在ではほとんど使われないので、漢方に詳しい人でも聞いたことがないかもしれない。この今では珍しい薬に意外な効能があるのだ。

『神農本草経』に記された赤箭の効能は「殺鬼、精物蠱毒悪気」である。つまり赤箭は、蠱毒を含む魑魅魍魎の類を死滅させるというのだ。

この一文を読むだけで、当時の戦慄すべき状況を知ることができる。当時の中国では、蠱毒だけではなく、鬼、精物、悪気などと呼ばれるものが人々を苦しめていたのだ。ど

[10] 天麻：痙攣を止める作用がある漢方薬。半夏白朮天麻湯（はんげびゃくじゅつてんまとう）など、日本でよく使われる漢方薬の中にも配合されている。

れもこの世のものとは思われない名だ。

もうひとつ例を挙げよう。

やはり現在でも非常によく使われる川芎《せんきゅう》[11]という漢方薬がある。『神農本草経』に示されているこの薬の効能は「避邪悪、除蠱毒鬼注《きちゅう》」である。魔除けの作用があり、蠱毒と鬼注を除去、すなわち治療できるというのである。

鬼注というのは、かなり重い肺の病気を指す言葉である。鬼注は後世になると呪術的な要素とは無縁の単なる病名のひとつと解釈されるようになるが、鬼という文字が使われていることから考えれば、時代を遡れば鬼注の病因について呪術的な解釈が存在していたことは間違いない。

蠱が登場するこれらの記述は、一例に過ぎない。『神農本草経』の中には蠱についての記述が四十カ所以上あると言われている。そうした記述は、多くの場合、鬼、邪、悪気などという言葉とともに現れる。つまり蠱の治療薬は鬼、邪、悪気などによる病気の治療薬でもあるのだ。

このことから、蠱の性質が、鬼、邪、悪気などと同質であることは明らかである。どれも霊的な、あるいは呪術的な病因と見て間違いないだろう。

中国最古の方書と中国最古の本草書。このふたつの文献に記された蠱は、人を病の苦しみに沈める得体の知れない超自然的な存在なのだ。

[11] 川芎：鎮痛作用がある漢方薬。抑肝散（よくかんさん）など、日本でよく使われる漢方薬の中にも配合されている。

◆『漢書』

『五十二病方』は前漢（紀元前二〇六年から紀元後八年）時代の遺物であった。『五十二病方』の記載によって、前漢の時代には蠱病という病が存在し、その治療法が確立していたことがわかる。

しかし『五十二病方』は蠱病の原因を邪気だと示唆するだけで、蠱そのものの正体を明らかにしてはいない。

では、蠱の正体を推知できるような記録はないのだろうか。

その手掛かりは、前漢から後漢の時代にかけて頻発した巫蠱事件の中に見出せる。先ずは、いくつかの史実を示そう。

◇陳皇后

陳皇后[12]は、前漢第七代皇帝・武帝[13]の最初の皇后である。

女性として最高の地位に君臨したとは言え、その立場は危うかった。なぜなら陳皇后には子が生まれなかったからだ。

[12] 陳皇后：（生没年不詳）母は武帝の父である景帝の姉である。武帝の寵愛を失った陳皇后は高名な詩人に大金を払い賦（詩の一種）を作らせ、その賦によって武帝の心をつかもうとした。この故事から「買賦千金」という熟語が生まれ、現在では文才を称賛する言葉として用いられている。

[13] 武帝：（前156年－前87年）軍事的な成功により、前漢の全盛時代を築いた皇帝。一方で、歴史家・司馬遷を罰した愚劣な皇帝という面もある。

[14] 衛子夫：（？－前91年）前漢武帝の二番目の皇后。武帝との間に一男三女をもうけた。その男子は皇太子となるが、奸臣・江充（こうじゅう）が武帝の病気は皇太子の巫蠱によるものと讒言したため、皇太子も衛子夫も自殺に追いやられた。

やがて武帝の寵愛は別の女性、衛子夫《えいしふ》[14]に移り、衛子夫は皇太子となる男児を産む。これに対抗して陳皇后は女性の呪術師たちに衛子夫を呪うよう命じた。しかし後にこの事実は発覚する。呪術師たちはもちろん、連座した二百名以上が処刑され、陳皇后は廃位された。これが漢代の宮廷で起きた巫蠱事件の最初の例であるとされている。

◇竇皇后と宋貴人

竇皇后《とうこうごう》[15]は、後漢の第三代皇帝・章帝[16]の皇后である。

竇皇后の境遇は陳皇后と似ている点がある。竇皇后には子が無く、章帝は別の女性、宋貴人[17]との間に男児をもうけていたのだ。

しかし竇皇后は陳皇后とは異なり、皇帝の寵愛を受けていた。このことが重要である。皇帝の寵愛がある限り、女性は白いものでも黒とすることができる時代であった。

竇皇后は宋貴人を貶めるため、宋貴人が巫蠱を企てたと讒言《ざんげん》し、さらに蔡倫《さいりん》[18]に取り調べを行わせて、宋貴人を自殺に追い込んだのである。

蔡倫とは、紙を発明したと言われている、あの蔡倫である。蔡倫は邪悪な人物とまでは言えないが、命令を下した竇皇后の意図を理解し、しかるべく行動する「優秀な」役人だったのだ。

[15]竇皇后：（？—97年）幼いころから「人臣妾之容貌」ではない、つまり帝王の妻になる容貌の持ち主と言われていた。その評判通り、後宮に入りその美貌により頭角を現した。

[16]章帝：（57年—88年）後漢の第3代皇帝。幼少の頃から儒学を好み、徳を重んじる寛容な政治を行った。『漢書』を編纂した有名な歴史家・班固を重用したことでも知られる。

[17]宋貴人：姉妹で章帝の貴人（後宮での身分の一種）になった美貌の持ち主。章帝の寵愛を受け、子をもうけたのは妹のほうだ。

[18]蔡倫：（50年—121年？）後漢の宦官。

宋貴人は実際には巫蠱を企てていなかったとされているが、当時、人を糾弾する根拠として巫蠱を持ち出すことが有効であるくらい、巫蠱は身近な存在であった。

◇陰皇后

陰皇后[19]は、後漢第四代皇帝・和帝[20]の皇后である。

家柄も容姿も申し分ない女性と言われた陰皇后の運気は、鄧《とう》貴人[21]が入宮してから凋落を始める。

鄧貴人の容姿は陰皇后よりもさらに美しく、何よりも、人格が優れていて人望があった。何事にも控えめで陰皇后を立て、自分は目立たないように振る舞う。そのことが反って鄧貴人の評判を高め、皇帝の心を掴んでしまうのだ。

皇帝の寵愛が鄧貴人に移ることを恐れた陰皇后は、鄧貴人を呪うために巫蠱を行うのである。

しかしこの事実は発覚する。

関係者は処刑され、廃位された皇后はまもなく「憂死」[22]した。

この時代の巫蠱事件は、まだ他にもある。言うまでもなく、歴史書に記録が残るのは、呪詛の事実が発覚したからであり、秘密が漏洩しないまま歴史の闇に隠された巫蠱の事

---

[19]陰皇后：（80年―１０３年）皇室に連なる名門の出身。幼少のころから才色兼備で知られていた。13歳で後宮に入り、23歳で死亡している。

[20]和帝：（79年―１０６年）後漢の第4代皇帝。外戚である竇一族を一掃するために宦官を重用し、宦官の専横時代が始まるきっかけを作った。

[21]鄧貴人：（81年―１２１年）後漢建国の功臣である鄧禹（とうう）の子孫であるという。幼名を鄧綏（とうすい）という。五歳のとき、綏の髪を切ろうとした祖母が誤って綏の額を傷つけてしまった。しかし綏は全く泣かなかった。わけを訊ねると、もし痛いというと、祖母がつらい思いをするから、と答えたという。陰皇后が廃位された後に和帝の皇后となっている。

例は、相当数に上ると推測できる。歴史書に記された巫蠱事件は氷山の一角に過ぎないのだ。

呪術史の観点から評価すれば、前漢から後漢にかけて、つまり紀元前から紀元後に跨《また》がる時期の中国は「巫蠱の時代」である。

では、巫蠱とはどのような呪詛なのか。

◇桐木人

後漢時代に成立した『漢書』は、前漢時代の歴史を記した書物である。この歴史書の中に、次のような記載がある。

遂に太子宮において蠱を掘り出し、桐の木人《もくじん》[23]を得た。

桐の木人を埋める。これが当時頻繁に用いられた巫蠱の形式である。

意外なことに、この呪詛の形式には、虫との関連性が見出せない。巫蠱というからには、虫を利用するのではないか。この発想は誤りである。漢代の呪術界では無機的な呪物が巫蠱の代名詞だったのだ。

木人を作る際に、桐の木が用いられたのには理由がある。

---

[22]憂死：ストレス死のこと。

[23]木人：木で作った人形のこと。全てが桐で作られたかどうかは不明である。

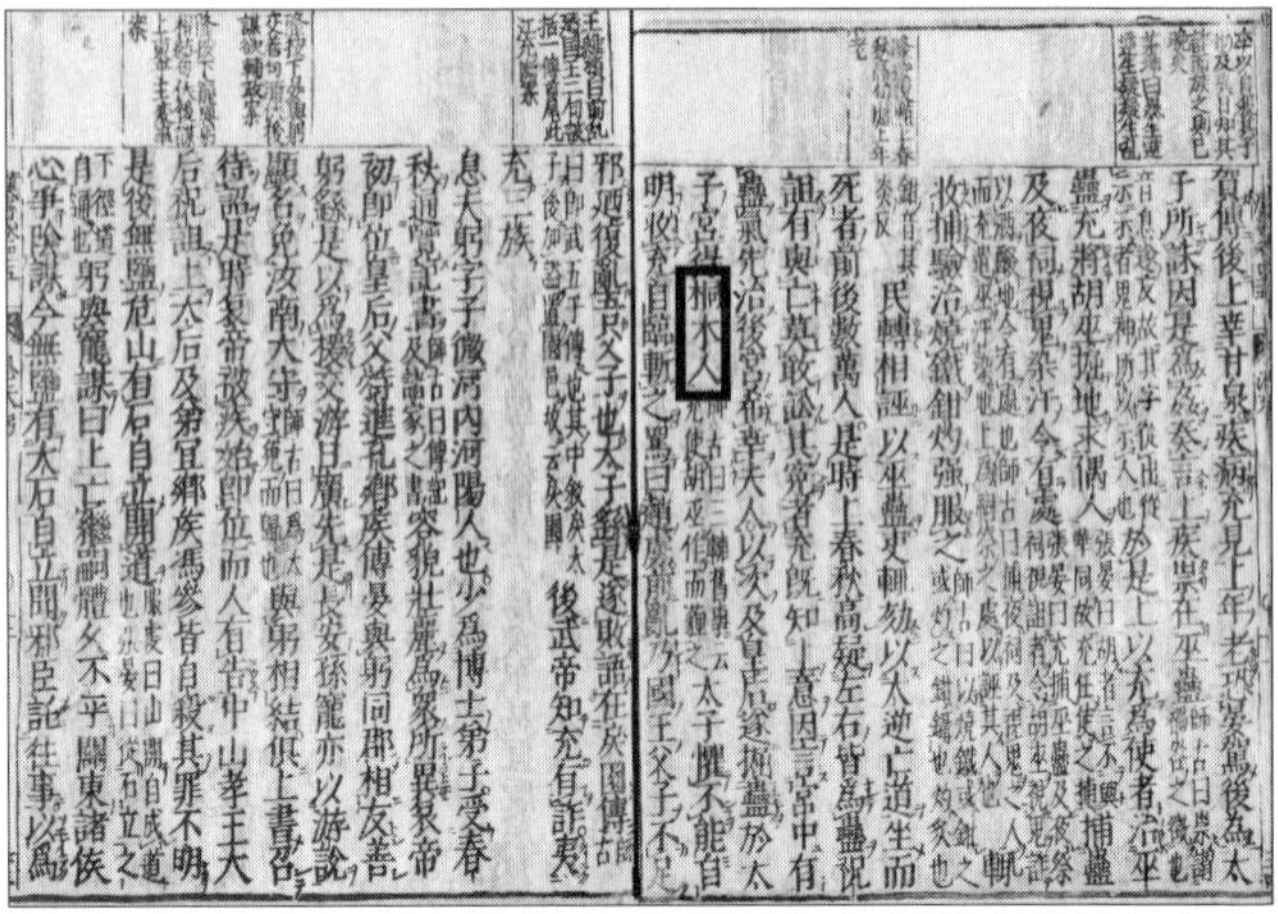

漢書に記された巫蠱の記述(画像出典:明凌稚隆輯・他著『漢書評林』国会図書館蔵)

当時、桐は棺桶の材料として最も下等な木材であるとみなされていた。

さらに当時は、死体を侮辱することも一種の刑罰であると考えられていたため、犯罪者の処罰の一環として、桐の棺に埋葬することもあったようだ。つまり桐の木は「処罰」を連想させる素材なのである。

処罰と呪詛は、呪詛を行う者にとっては、ほぼ同義である。呪詛とは、呪いによって相手を罰することなのだ。呪詛のための木人が桐の木で作られたのは、桐の木が処罰を想起させる素材だからである。

呪詛における桐木人《とうもくじん》の役割は明らかである。

桐木人は、呪詛の対象となる人物の象徴なのだ。つまり桐木人は「丑の刻参り」の藁人形に相当すると思えばよい。五寸釘を藁人形に打ち込むのと同じように、桐木人に針を刺してから埋めることもあったようだ。

土に埋める理由としては、呪詛の発覚を防ぐためだという説もあるが、実際にはもっと深い呪術的な意味があったと考えるべきである。その証拠に、桐木人はどこに埋めてもよいというわけではないのだ。

桐木人を埋めるのは、呪詛の相手が通る道など、呪いの対象が接近する地点である。桐木人には呪力が込められていて、その呪力が及ぶ「場」に相手が侵入したときに初めて、その呪力が働くのだ。

この特徴は記憶にとどめておいていただきたい。後に石蠱《せきこ》について語るとき、あるいは日本の蠱術について語るときに、同じような特徴を見出すことができるからである。

もうひとつ注意していただきたいことがある。

それは、桐木人を用いた呪詛は、単に桐木人を埋めるだけの単純な呪術ではないということだ。

当時行われていた呪術との比較から考えると、呪詛を完成させるためには、複雑な呪式が要求されていたと推測できる。恐らくそれは、豚、狗、鶏などの生贄を捧げる儀式や、特別な呪文を唱える祭礼などである。

漢代の巫蠱の本質は桐木人にあるのではなく、むしろ生贄や呪文などによって、桐木人に呪力を与える呪式にあるとみるべきなのだ。だから桐木人は巫蠱の絶対的な要素ではない。何らかの物体に呪力を込めることさえできれば、桐木人を用いずとも、同じ呪術を行うことができるはずなのである。

そして実際に我々は、桐木人以外の呪物を埋める呪詛と意外なところで出会うことになるだろう。

◆『捜神記』

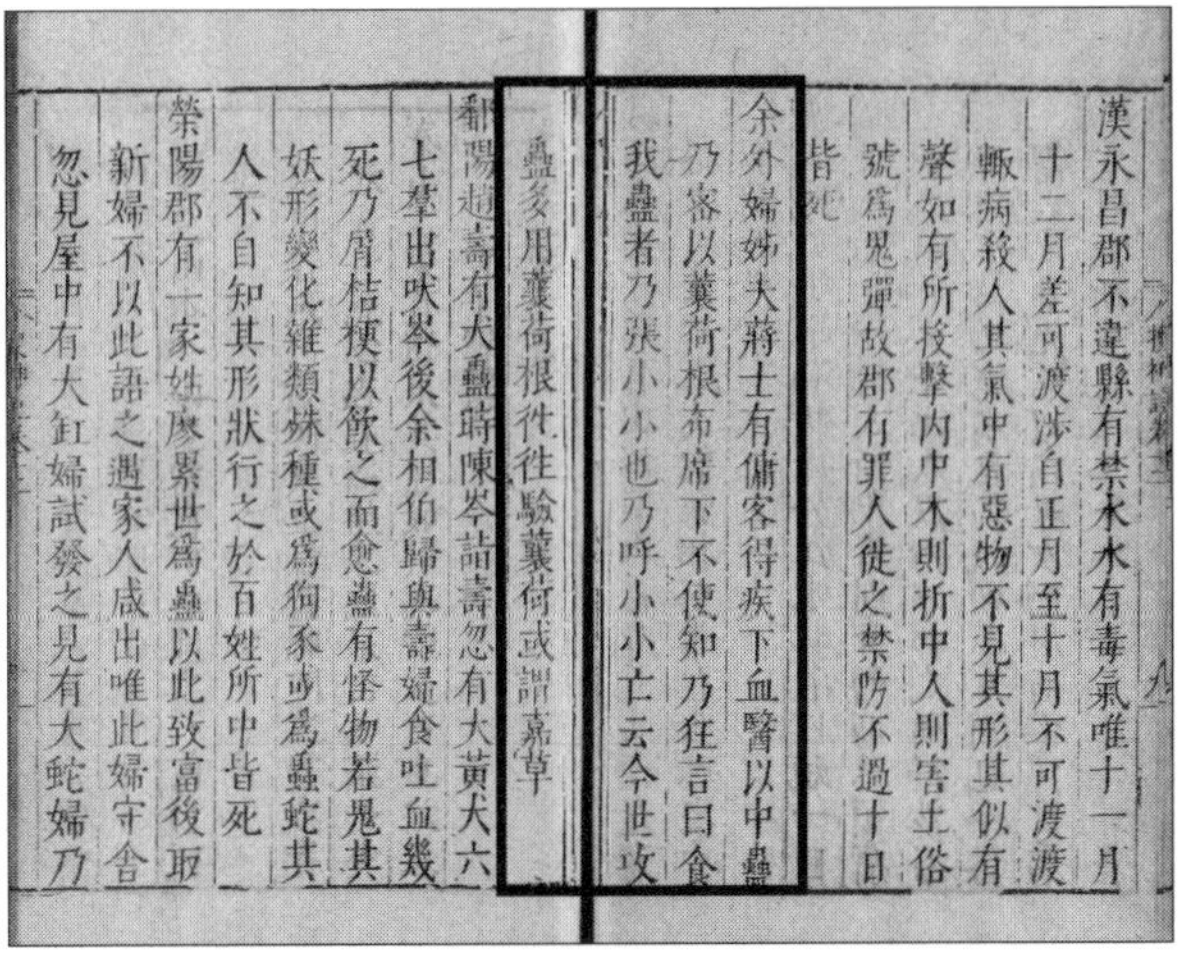
漢永昌郡不違縣有禁水水有毒氣唯十一月十二月差可渡涉自正月至十月不可渡渡輒病殺人其氣中有惡物不見其形其似有聲如有所投擊內中木則折中人則害土俗號爲鬼彈故郡有罪人徙之禁防不過十日皆死

余外婦姊夫蔣士有傭客得疾下血醫以中蠱乃密以蘘荷根布席下不使知乃狂言曰食我蠱者乃張小小也乃呼小小亡云今世攻蠱多用蘘荷根往往驗蘘荷或謂嘉草

鄱陽趙壽有犬蠱時陳岑詣壽忽有大黃犬六七羣出吠岑後余相伯歸與壽婦食吐血幾死乃屑桔梗以飲之而愈蠱有怪物若鬼其妖形變化雜類殊種或爲狗豕或爲蟲蛇其人不自知其形狀行之於百姓所中皆死

滎陽郡有一家姓廖累世爲蠱以此致富後取新婦不以此語之遇家人咸出唯此婦守舍忽見屋中有大缸婦試發之見有大蛇婦乃

『津逮祕書』（画像出典：明毛晉輯著 国会図書館蔵）にまとめられている、『捜神記』。上は12巻に記された蠱の記述

漢王朝が滅亡し、魏晋南北朝時代[24]に入ると、躍動感のある蠱の描写が現れるようになる。

例えば東晋《とうしん》の干宝《かんぽう》が著した『捜神《そうじん》記《き》』[25]。この奇怪な話を集めた書物には、蠱にまつわる次のような話が記されている。

ある男が血便が出る病気を患った。医師は蠱に中ったと見立てて、密かに病人の敷物の下にミョウガの根を隠し、患者に知らせないように、と言った。

[24] 魏晋南北朝時代：西暦一八四年から五八九年。後漢末期の黄巾の乱から、隋が中国を統一するまでの時代。

[25] 捜神記：東晋時代の歴史学者・干宝が編纂した書物。干宝は自序の中で、鬼神の存在は迷信ではないことを示すために書いたと述べている。記録されているのは450以上の非常に短い怪異談や民間伝承である。

患者は「張が俺の蠱を食べた」と妄言を言いながら、張を捜しに出たが、張はもう逃げ出していた。

現在蠱毒の治療には大抵ミョウガの根を用いる。しばしば非常に効果がある。ミョウガは嘉草とも呼ばれている。

話に出てくる張が何者かは、文章が短いのでわからないが、本題には関係がないので詮索の必要はない。

重要なのは、蠱に中ったときの症状が記されており、さらにミョウガの根を患者の敷物の下に隠すことで、蠱病を治療できるという考え方が示されている点である。

この話を読む限りでは、蠱病の症状は血便と妄言であるから、蠱病は身体疾患であると同時に精神疾患でもあるようだ。

ただしミョウガによる治療が非常に効果的であるのだから、深刻な病気として描かれているとは言えない。なお、ミョウガで蠱を退治できるという認識は、古くからあったことが知られている。『周礼《しゅらい》』[26]にも同じ内容の記述があるからだ。

『捜神記』に記されている別の話[27]を見てみよう。

先祖代々蠱を作っている廖という一家がいた。

[26] 周礼：周王朝の政治家である周公旦が書き残したとされる書物。理想の官制を記した行政法典とみなされていた。

この一家は蠱を作ることによって富み栄えていたのである。

その廖家が嫁を迎えることになったが、嫁には蠱について何も話さなかった。

ある日、嫁いだ女に家事を任せて一家が外出した。

残された嫁は、屋内に大きな甕があるのを見つけて、中をのぞいてみた。

すると、中には大きな蛇がいた。

嫁は湯を沸かし、その湯を注いで蛇を殺してしまった。

一家が戻って来たので、このことを告げると、全員が非常に驚愕し、悔やんでいる様子であった。

ほどなくして一家を疫病が襲い、家族のほとんどが死んだ。


明言はされていないが、この話に出てくる蛇こそが蠱である。蛇の姿をした蠱であるから蛇蠱《だこ》という。

今まで見て来た蠱は人を害する存在であった。しかしこの話には新たな要素が加わっている。造蠱によって一家が富み栄えていたというのだ。

この話を読んだだけでは、なぜ造蠱によって一家が富み栄えるのか理解できないだろう。

呪詛の依頼を受けて報酬を得ていたのか、それとも蠱を高額で販売していたのか、そ

[27]『捜神記』に記されている別の話：『太平御覧』によると、この話は、これと同様の逸話が散逸した書物『霊鬼志』に記されていたという。

れとも何か他に理由があるのか。

実は、蠱が富をもたらすという考え方は、現代中国にも受け継がれている。蠱がどのように富をもたらすかについては、後に具体的な事例を紹介することにしよう。今のところは、すでにこの時代に蠱が富をもたらすという話が語られていたことを確認するにとどめておく。

この話にはもうひとつ、注目すべき点がある。

それは蛇蠱が殺されることによって、一家に災厄が降りかかるという結末だ。一家のほとんどが死んだというのだから、尋常な災厄ではない。

造蠱は造蠱する者自身にとっても危険な存在であり、一歩間違うと自分自身を滅ぼす。実はこの考え方も、現在の中国に受け継がれている。それについても後に詳しく語ることになろう。

次に『捜神記』と同じく、魏晋南北朝時代に著わされた『捜神後記』[28]に記されている話を紹介しよう。

> ある所に造蠱をなりわいとする一家があった。
> この家で食事をした者は必ず血を吐いて死亡していた。
> 曇遊《どんゆう》という名の苦行僧がこの家に托鉢に訪れたときのことである。

---

[28] 捜神後記：捜神後記は、田園詩人として有名な陶淵明（365年―427年）が編纂したとされる書物。ただし実際は別人が編纂し、陶淵明の作として発表したものだと言われている。百余りの怪異談や民間伝承などを記録している。

主人が布施として食事を差し出すと、曇遊は呪文を唱え始めた。すると一尺を超える長さの蜈蚣《むかで》が二匹、皿の中から這い出て来た。

それを見た曇遊は食事に手を付けずに去って行った。

このことがあってから、この家で食事をして死亡する人はいなくなった。

言うまでもなく話の中に出てくる蜈蚣が蠱である。つまり蜈蚣蠱《ごこうこ》だ。

僧侶の呪文により蜈蚣蠱が姿を現したということは、呪文を唱えるまでは蜈蚣蠱の姿は見えなかったのだろう。

この時代の一尺は二十センチ強である。超自然的な力によって隠されていなければ、ひと目見てわかる大きさなのだ。

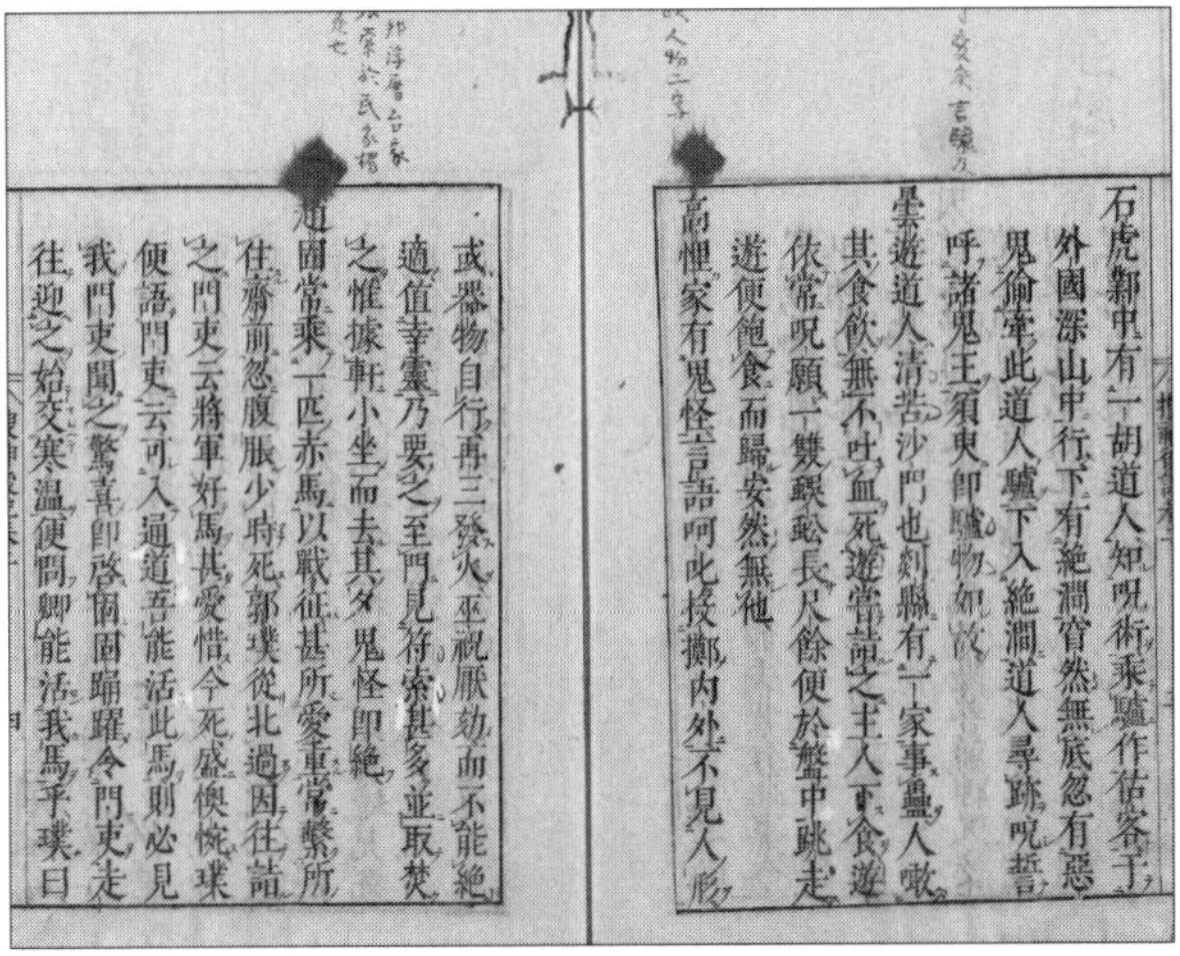
石虎鄴中有一胡道人知呪術乘驢作估客于
外國深山中行下有絶澗窅然無底忽有惡
鬼偷牽此道人驢下入絶澗道人尋跡呪誓
呼諸鬼王須臾即驢物如故
曇遊道人清苦沙門也剡縣有一家事蠱人噉
其食飲無不吐血死遊嘗詣之主人下食遊
依常呪願一雙蜈蚣長尺餘便於盤中跳走
遊便飽食而歸安然無他
高悝家有鬼怪言語呵叱投擲內外不見人形
或器物自行再三發火巫祝厭劾而不能絶
適值幸靈乃要之至門見符索甚多並取焚
之惟據軒小坐而去其夕鬼怪即絶
廻國常乘一匹赤馬以戰征甚所愛重常繫所
住齋前忽腹脹少時死郭璞從北過因往詣
之門吏云將軍好馬甚愛惜今死盛懊惋璞
便語門吏云可入通道吾能活此馬則必見
我門吏聞之驚喜即啓悃因踊躍令門吏走
往迎之始交寒温便問卿能活我馬乎璞曰

『捜神後記』（画像出典：晉陶潛撰・他著　国会図書館蔵）にまとめられている『捜神後記』2巻に記された蠱の記述

このように蠱は、必ずしも目に見えるとは限らないのである。

これについては『捜神記』の中に興味深い説明がある。


蠱は捉えどころがない鬼のようなものだ。

あるときは狗、あるときは豚、あるときは虫、あるときは蛇と、どのようにも姿を変える。

造蠱する者でさえ、自分の蠱がどのような姿をしているかを知らない。


つまり蠱の実体は狗であるとか蛇であるとかの外見とは関係がないというのだ。

これは無数に存在する蠱についての説明のうちのひとつの見解であり、これとは異なる考え方も存在する。

しかし、蠱が、本質的には目に見えない、捉えどころのない何かである、という観念が存在することを理解しておくことは重要である。

この発想がなければわからない蠱にまつわる奇妙な話が、現代中国には多数存在するからだ。

◆『隋書・地理誌』

蠱に興味をもつ中国人は未だに少なくない。

そうした中国人たちにとって、最も重要で基本的な資料は『隋書・地理誌』[29]である。『隋書』は唐の時代に国家事業として編纂された書物であり、民間人の著わした書物と比べると信頼性が高いとされている。

それだけではなく『隋書・地理誌』には、蠱についての重要な情報が記されているため、蠱を語る場合に避けて通れない資料なのである。

魏晋南北朝時代の書物には、蠱の存在や蠱の断片的な姿が描写されていた。また造蠱の専門家がいたことも示されている。

しかしどのように蠱を作り出すのかまでは明確に示されていなかった。『隋書・地理誌』は、造蠱の方法を明らかにした資料として重要なのである。

蠱について語られる部分をわかりやすく意訳すれば次のようになる。

新安《しんあん》、永嘉《えいが》、建安《けんあん》、遂安《すいあん》、鄱陽《はよう》、九江《きゅうこう》、臨川《りんせん》、廬陵《ろりょう》、南康《なんこう》、宜春《ぎしゅん》[30]。

---

[29] 隋書・地理誌：隋書は本紀5巻、志30巻、列伝50巻からなる歴史書。唐の太宗の勅令により編纂された。なお「志」とは分野別の歴史であり、いわゆる隋書・地理誌は志の巻に含まれている。

[30] 宜春

これらの土地の風俗は豫章《よしょう》とほぼ同じである。廬陵の人は情に厚く純朴で長寿が多い。この数郡では造蠱する者が多く、宜春は特に甚だしい。

造蠱の方法は次のとおりである。

五月五日に大きなものは蛇から、小さなものは蝨《しらみ》に至るまで、百種の虫を集めて器の中に入れ、互いに捕食させ、生き残ったものを保存する。

蛇が生き残れば蛇蠱であり、蝨が生き残れば蝨蠱《しつこ》（虱蠱）であり、これで人を殺す。食事とともに人の腹の中に入れれば、その五臓を食らい、死ねばその遺産を蠱師のものにしてしまう。

三年、他人を殺さない場合は、蠱師自身に災厄が降りかかる。

造蠱の方法は代々の家伝であり、絶えることがない。

女子が嫁ぐときに伝えることもある。

干宝は蠱を「鬼」だと記したが、実は蠱は鬼とは違う。

侯景《こうけい》の乱[31]より後は、蠱師の家の多くは絶えてしまい、蠱の主がいなくなった。

このため、蠱は公路で飛び遊ぶようになり、これに中れば命を落とすのである。

造蠱の風習が特に「甚だしい」とされる宜春は、緯度が沖縄県とほぼ等しい南方の土地である。

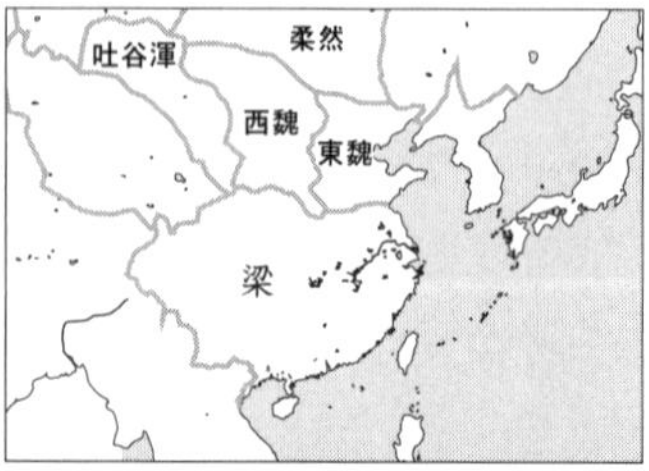

[31] 侯景の乱：侯景の乱は隋以前、南北朝時代の南朝、梁で起きた反乱である。当時、梁は中国の南半分を支配しており、造蠱が盛んであるとされる諸地域は梁の版図に含まれている。

「造蠱する者が多い」と記された時代背景であるが、文中に「侯景の乱より後は」とあることから、侯景の乱よりも以前から、南方の諸地域では造蠱が盛んであったことがわかる。

現在の中国では、蠱術は南方の呪術であるとの共通認識があるが、その淵源はこの時代に遡るのかもしれない。

文中の「干宝」は、すでに紹介した『捜神記』の著者である。

確かに干宝は蠱を鬼になぞらえていた。しかし『隋書・地理誌』は蠱は鬼ではないと明言している。

ここでの「鬼」を日本語のイメージで解釈すると理解が不可能となるから、念のため、少しだけ解説しておこう。

中国語の「鬼」は日本語の鬼よりも広い意味を持つ言葉であり、この場合は目に見えない霊的存在という意味である。ついでに付け加えるなら、日本語の幽霊や、霊魂や、邪気や、妖怪も、中国語では鬼と表現することができる。中国語では、狐憑きは「鬼附《きふ》身《しん》」であるし、水場の地縛霊は「水鬼《すいき》」なのだ。不思議なもの、奇怪なもの、人知を超えたものは、中国では全て鬼だと思えばよいのである。

話を『隋書・地理誌』に戻そう。

すでにお気づきの通り、日本でも有名な「百虫を集めて蠱を作る」という話の原型はここにある。

互いに捕食させるのであるから、肉食の凶暴な虫を大量に集める必要がある。それらの虫が狭い容器の中で蠢く姿を想像するだけでも背筋が寒くなる。この話は中国でも非常によく知られていて、蠱の固定的なイメージのひとつになっている。

『隋書・地理誌』が明らかにした造蠱の方法が、あまりにも強い衝撃力をもつため、他の部分はあまり着目されないが、造蠱の目的として財産の略奪が挙げられていることを忘れてはならない。

漢代の巫蠱は、恨み、妬みを背景として、誰かを害することを目的とした呪詛であったが、『隋書・地理誌』を読む限りでは、造蠱の目的は呪詛ではなく、経済的な利益であったようだ。

他人を殺して財産を奪う。その手段として暴力を用いるのが強盗であり、造蠱という呪術的手段を用いるのが蠱師なのだ。

こうした考え方は当然のことながら、蠱師は悪人であるという観念を生む。

しかも三年間殺人を行わなければ、蠱師自身が害されるのであるから、悪人の更生は期待できない。蠱師は永遠に悪事を重ねることになるのだ。

そして蠱術は親子代々受け継がれる。これはすなわち悪人の子は悪人になるということを意味する。

蠱師の意図、蠱術の目的、蠱術の伝承について『隋書・地理誌』に記された図式が定着することにより、蠱師が被差別民となる条件が具わるのである。

現代中国では、多くの場合、蠱師は村落共同体の中で孤立し、敬遠される存在であるとされている。その理由はすでに『隋書』の中に示されているのだ。

◆独孤陀事件と猫鬼

隋代には、蠱術の目的が金品や財産の略奪であるとの考えを裏付けるような事件が起きている。それが独孤陀事件《どっこだじけん》である。

『隋書』の記録によると、隋の時代には猫鬼と呼ばれる妖怪が盛んに作られていたようである。猫鬼は猫を用いて人為的に作られる妖怪であるから、蠱の一種であると認識されており、猫蠱とも呼ばれる。この猫鬼が宮廷の中枢を騒がせたのである。

隋王朝初代皇帝・楊堅《ようけん》[32]の皇后は、独孤伽羅《どっこから》[33]という名の女性であった。独孤伽羅という名からもわかるように、異民族の血を引いている。

独孤伽羅の父親は、北周の大司馬（国防長官）独孤信[34]である。

独孤信の先祖は、匈奴《きょうど》の有力者であり、独孤信には期弥頭《ちやとう》という鮮卑名[35]があったという。

異民族の血のせいか、独孤信は非常な美男子であったそうだ。

独孤信には独孤陀[36]という息子がいた。ただし母親は独孤伽羅の母親とは違う女性だ。従って独孤陀は、皇后・独孤伽羅からすれば異母弟ということになる。

---

[32]楊堅：（541年－604年）中国の隋の初代皇帝。官僚の登用において、九品中正法を廃止し、新たに科挙制度を設けたことで有名。

[33]独孤伽羅：（553年－602年）隋の初代皇帝・楊堅の皇后。読書を好み、博識であり、生活は倹約を重んじて華美なものを好まなかったと言われている。

[34]独孤信：（502年－557年）南北朝時代・北朝の国のひとつである西魏の軍人。民族的には鮮卑族の血を引くとも、匈奴の血を引くともいわれている。妻は知られている限り三人おり、そのうち崔（さい）氏とのあいだの娘が独孤伽羅であり、郭（かく）氏とのあいだの息子が独孤陀である。

独孤陀は、自分自身が呪術に傾倒していただけではなく、母方の家が猫鬼を操る術を伝えていた関係で、猫鬼を悪用していた。

実際に猫鬼を操るのは、母方の家から来た徐阿尼《じょあに》という名の下女であった。独孤陀は徐阿尼に命じて猫鬼を使役していたのである。

猫鬼は蠱師周囲の人たちにとっても危険なものらしく、独孤陀の家で、独孤陀の叔父が猫鬼に危害を加えられたなどの噂が宮中に広がっていた。

当然、皇帝・楊堅もこの噂を耳にしてはいたが、皇后の異母弟を貶めるような話に対して、皇帝は聞く耳を持たなかったそうである。

ところが事態は急変する。

皇后・独孤伽羅が病に倒れたのである。全身に痛みが走る奇病であった。時を同じくして皇帝・楊堅の腹心であり隋王朝の高官であった楊素《ようそ》の妻鄭《てい》氏も病に倒れた。

ふたりの女性を診察した医師たちは口をそろえて「これは猫鬼疾だ」と診断した。つまり猫鬼による蠱病だと言うのである。

すでに猫鬼と独孤陀を関連付ける噂が広がっていたため、皇帝は密かに独孤陀の調査を命じた。

その結果、徐阿尼が真相を暴露したのである。

[35] 鮮卑名：鮮卑族としての名前。

[36] 独孤陀：（生没年不明）独孤陀は独孤信の第六子である。皇后の異母弟ということもあり、一時期は隋王朝の大将軍にまで出世した。しかし猫鬼事件で失脚し、死刑に処せられることになったが、独孤伽羅の哀願によって死刑を免れている。

そもそも独孤陀は猫鬼を用いて何をしていたのか。

徐阿尼の供述によれば、独孤陀は猫鬼を用いて他人を殺害し、その後、財産を密かに奪っていたというのだ。

そしてさらに具体的な供述を始めた。

家中で酒を所望した独孤陀に対して、独孤陀の妻が酒を買う金銭がないと告げると、独孤陀は徐阿尼に対して、楊素の財産を手に入れるように命じたという。

それだけではない。独孤陀は自分の姉である皇后からも、金品を手に入れるように命じていたのだ。

皇后の猫鬼疾も、楊素の妻鄭氏の猫鬼疾も独孤陀の命令によるものだと判明したのである。

徐阿尼の供述を裏付けるため、徐阿尼に猫鬼を呼び寄せるよう命じたところ、徐阿尼は宮廷内に卓を置かせ、その上に粥が入った椀を用意させた。

徐阿尼がその椀を匙で叩きながら呪文を唱え「猫鬼よ宮中に留まってはならない」と呟くと、徐阿尼の顔色が青白く変わり、視線は一点に固定され、何か見えない力で引かれるように体が動いたという。

これにより徐阿尼の証言は事実と認められ、独孤陀の罪は証明された。

本来なら死刑は免れないが、皇后の異母弟であることから、独孤陀は身分を剥奪され、庶民に落とされるだけで許されている。

皇帝・楊堅はこの事件によって猫鬼の弊害を強く認識し、造蠱した者には辺境への流罪を適用すると定めている。

ここまでが「独孤陀事件」の一部始終である。

宮廷での騒ぎは収まったが、この事件の後遺症は、当時の一般社会に広がって行った。隋朝第二代皇帝・煬帝[37]の時代になると、猫鬼の恐ろしさが都に住まう庶民たちの噂となり、人心を惑乱した。人々は猫鬼と聞いただけで恐れおののいたという。

猫鬼が恨みを晴らすための呪詛であれば、人の恨みを買わないように心がければよい。しかし猫鬼は財産を奪う盗賊や強盗のような存在である。自分に落ち度がなくても、いつ襲われるか知れない。当時の庶民たちが猫鬼を恐れたのも、無理はないのである。

このことを知った煬帝は、期限を定めて猫鬼の根絶を命じたと言われている。

煬帝の命を受けた大理寺《だいりじ》[38]は「疑わしきは罰する」の方針で調査を行ったため、千戸以上が酷い場合は死刑、軽くても流罪に処せられた。単に猫を飼っていただけで処罰された者も少なくないと言われている。

このように猫鬼は単なる噂や伝説の類ではなく、社会に大きな影響を与えるだけの存在感を獲得した蠱術だったのである。

[37] 煬帝：（５６９年－６１８年）隋の第２代皇帝。現在も水運の大動脈として利用されている大運河の建設事業で有名。

[38] 大理寺：現在の警察に相当する組織。

◆白蓮教徒と紙人蠱

燃犀道人《らんさいどうじん》[39]を名乗る人物が著わした『駆蠱燃犀録《くこらんさいろく》』[40]という書物がある。『駆蠱燃犀録』は、清の時代の蠱に関する専門書であると同時に、医学書でもある。

現在の中国では、清朝までの主要な医学書は文字に起こされ、インターネットで閲読できるのだが『駆蠱燃犀録』の資料は、まだ見当たらない。

しかし、断片的に得られる情報から判断すると、『駆蠱燃犀録』には、他の書物にはない重要な情報があることはわかっていた。

こういう場合は、文字起こしされていない画像資料を探すことになる。

しかし中国のウェブサイトには、そういう資料は見当たらなかった。ところが日本のウェブサイトに画像データがあったのだ[41]。

さっそく読んでみると、やはり他にはない情報が記されていた。

『駆蠱燃犀録』の中には「白蓮教《びゃくれんきょう》」[42]についての話がたびたび登場する。

清の時代には「白蓮教」は邪教の代名詞となっており、本当の白蓮教との関わりすら不明確であったそうだ。それだけに『駆蠱燃犀録』の中で語られる「白蓮教」の実体は

---

[39]燃犀道人：燃犀道人は明らかにペンネームであり、人物像は不明である。書物の内容からは呪術的な治療を得意とする医師であったようだ。

[40]駆蠱燃犀録：序には「光緒十九年中秋之月」とあるから、1893年の著作である。前半は蠱の歴史を振り返り、後半には蠱病の治療記録が続くという構成になっている。

[41]日本のウェブサイトに画像データがあった：日本には、中国の古書が多数保存されている。中国で散逸した古書が、日本には保存されていて、中国に逆輸入されるケースがあるくらいだ。しかし日本に『駆蠱燃犀録』があるとは意外だった。日本の医学界では、蠱病は中国におけるほど重要視されていなかったからだ。

明らかではない。

重要なのは、燃犀道人がいう「白蓮教」が、妖術を使うという点である。燃犀道人は、白蓮教には、紙を人の形や馬の形に切って使役する妖術がある、と指摘している。そしてこの妖術は、蠱術の一種であると言うのだ。

燃犀道人は蠱の歴史を長々と述べている。だから蠱術と虫、蠱術と猫、蠱術と狗の関わりを熟知している。つまり蠱術は動物の存在と密接に関わることを知り尽くしているのだ。

その燃犀道人が、紙を切って使役する妖術を「紙人蠱《しじんこ》」と呼ぶのである。つまり燃犀道人は、蠱術の本質は、動物との関わりにあるのではない、と考えているのだ。

燃犀道人によれば、紙人を動かすのは、人間の気である。この「気」について、燃犀道人は多くを語らない。恐らくそれは、邪気、あるいは念とでも呼ぶべき力であろう。

その力が蠱術の本質であり、その力は、あるときは紙人を動かし、あるときは動物の霊を操り、あるときは虫の毒に霊力を与えるのだ。

燃犀道人は蠱術と紙人の関わりを別の角度からも示している。

『駆蠱燃犀録』の後半には、蠱病の治療記録が並んでいる。その中には、次のようなものがある。

[42]白蓮教：白蓮教の起源は、南宋時代に遡る。仏教の一派でありながら、マニ教の要素も含むと言われる、謎の多い信仰である。

紙人が現れたので刀を手にして燃やしたが体調がすぐれない、という患者が来た。黒豆を口に含ませると豆の皮が破れたので蠱病と判断した。帰魂散《きこんさん》を服用させると、患者は羊毛や溶けかけた紙を吐き出した。黒い粒が混じっていたので、よく見ると、それは蠱毒であった。

「刀を手にして燃やした」というのは、邪気を祓う儀式であろう。紙人が現れたので、誰かの呪詛を受けていると考え、自分なりの対策を講じたのだ。

「黒豆を口に含ませる」のは、蠱病を見抜く古典的な手法である。蠱病の場合は口に含んだ豆の皮が自然に破れるとされている。

別の例を見てみよう。

襟の中に紙人を縫い込まれていたことを発見した患者が来た。ミョウバンを含む冷めた茶を飲ませたところ、患者は丸まった紙の玉を吐き出した。それを広げると、全て紙人であった。

蠱病を治療すると、紙人が現れるという話は、他に何例も紹介されている。ただし紙人だけで蠱術が完結しているのではなく、紙人の他にも、羊毛や蠱毒、さらに虫が現れることもある。

つまり紙人を操る呪術は、蠱術の一部なのであり、全てではないのだ。紙人が現れない例も紹介されている。


体にできた青痣を穢布《えふ》で拭いたところ、痣は消えたが、体調が優れない、という患者が来た。

ミョウバンを口に含ませると、甘く感じるという。

甘草を噛んで汁を飲むように指示した。すると患者の喉から羊毛が出て来た。


「穢布」は『五十二病方』に出て来た「女子布」と同じく、月経血を含んだ布である。清の時代にも、月経血には邪気を祓う呪力があると考えられていたのだ。

「ミョウバンを口に含ませる」のは、蠱病を見抜く手段のひとつである。ミョウバンは渋い味がするものだが、蠱病に罹ると甘く感じるとされている。

この患者の場合は、治療の結果、羊毛だけが現れた。燃犀道人によると、羊毛には解蠱薬を避ける性質があるため、蠱師が蠱毒と羊毛を混ぜて用いたらしい。

恐らく紙人は蠱毒そのものではなく、蠱毒を患者の体内に運ぶ役割を果たしていたのだろう。

蠱師が紙人を操るという情報が加わることにより、蠱術の内容は更に広がった。蠱師には無機物を使役する能力が具わっているのだ。これは、平安時代の日本で、式神を操っていたという陰陽師の呪術を彷彿とさせる。

ここまで来ると、中国の蠱術が日本の呪術と無縁ではないことに気づかれる読者もいるだろう。ただし今はこのテーマを保留しよう。蠱術に関する日中関係については、別の章で詳しく論じることにする。

◆造蓄蠱毒の罪と罰

蠱術は人を死に至らしめる恐ろしい呪術である。

過去の中国では、こうした邪術とでもいうべき呪詛は、法律によって禁圧されてきた。蠱術によって人を害することは、暴力によって人を害する以上に重大な犯罪とみなされていたのだ。

では、中国の歴代王朝は蠱術に対して、具体的にどのような禁圧を加えて来たのだろうか。その点について、中国の刑罰史を簡単に振り返ってみよう。

中国は絶対権力者の気まぐれによって国の運営を行う方式ではなく、法律によって政治を行うという発想をいち早く取り入れた国である。

刑法自体は遅くとも春秋時代には存在していたと言われているが、蠱に対する罰則が存在したのか、存在したとして、どのような内容であったのか、今ではもうわからない。

蠱に対する古い罰則のうち、最も古く、最も有名なのは、漢代の規定である。

蠱を放ちたる者、および放蠱を教唆したる者は、棄市《きし》。

「棄市」というのは聞き慣れない刑罰である。これは、人が集まるところで死刑を執行するという意味であり、見せしめを兼ねた残酷な刑罰なのである。

具体的にどのような方法で死刑を執行したかは定かではない。斬首であったと言われる一方で、腰斬《ようざん》[43]が適用されたという人もいる。

また歴史書には、巫蠱の罪で「族」とされる例が記されている。族は一族皆殺しを意味する。つまり、蠱で呪詛を行えば、その呪詛を行った当人が処罰されるだけではなく、その一族が皆殺しの刑に処せられたのだ。

漢の時代が終わり、隋が中国を統一するまでのあいだに、中国には諸国が乱立する時代があった。この間に蠱術は庶民に身近な存在として、小説の中にも描かれている。

もちろんこの時代にも、蠱術に対する罰則が定められている。『晋律《しんりつ》』[44]あるいは『北《ほく》斉律《せいりつ》』[45]の中で、巫蠱は「不道の罪」とされていた。

不道の罪とは、特に重く罰すべき十悪[46]のひとつである。蠱術を使うことは、国家転覆を狙う犯罪と同列の重大犯罪とされていたのだ。

隋の時代の具体的な規定は明らかではないが、独孤陀が猫鬼を用いた罪で死刑を言い渡され、皇后の異母弟であることを理由に減免されていることから、蠱術を用いれば、原則は死刑であったと考えてよい。

[43]腰斬：腰斬は文字通り腰の部分を斬って体を上下に切り離す酷刑（こっけい）である。死刑囚は刑の執行の後に時間をかけて苦しみながら死ぬ。身の毛もよだつ非常に残酷な刑罰なのだ。この時代の刑罰には車折、釜ゆで、磔など、残忍なものが多い。見せしめの効果をあげるために、あえて血なまぐさい方法が採用されていたのだろう。

[44]『晋律』：晋（２６５年－４２０年）の刑法典。中国最古の儒教的刑法典と呼ばれ、それ以前の残酷な刑罰の一部を廃止している。

[45]『北斉律』：北斉（５５０年－５７７年）の刑法典。条文数は千に近く、非常に整備された法体系であったため、後の世の刑法典の参考とされた。

[46]十悪：謀反、謀大逆、謀叛、悪逆、不道、大不敬、不孝、不睦、不義、内乱。日本の律令時代の「八虐」は中国の十悪をもとに定められた。

◇「絞」の時代

唐の時代になると「造蓄蠱毒《ぞうちくこどく》」の罪が定められる。そして唐以前からあった「蠱術を使うことは不道の罪に当たる」とする考え方が受け継がれ、造蓄蠱毒に対して「絞」の罰が適用された。つまり絞首刑である。

造蓄蠱毒は蠱を作り出す罪であるが、蠱が完成しなくても、蠱を作ろうとしただけで処罰された。また造蠱を教唆した者も同罪であった。

造蓄蠱毒の罪を犯した者の家族は、事情を知らなかったとしても流罪であり、この罰はたとえ大赦があっても許されなかった。

ただし同居の家族に対して蠱毒を使った場合は、被害者は罪に問われないとされていた。蠱毒で命を狙われた上に、流罪になるのでは、あまりにも道義に反するからであろう。

さらに事情を知っているのに制止しなかった里正《りせい》、坊正《ぼうせい》、村正《そんせい》などの下級役人も流罪と規定されている。また上級の役人も、事情を知っていて放置すれば、やはり処罰されたようだ。

宋の時代にも、この制度は引き継がれている。造蓄蠱毒に対しての罰はやはり「絞」

であった。

宋を滅ぼした異民族の王朝である元の時代には、造蓄蠱毒は強盗と同様に処罰されたそうである。

元の時代には、強盗は首を刺して処刑したので、造蓄蠱毒の「犯人」も同じ方法で死刑に処せられたと考えてよい。

◇「斬」の時代

明の時代になると、造蓄蠱毒に対する罰則は唐の時代に回帰する。造蓄蠱毒の首謀者は、やはり死刑に処せられた。ただし処刑の方法は「絞」ではなく「斬」と規定された。つまり斬首である。

生きた人間の首を切り落とすと、血液が数メートルは噴き上がると言われている。このような場面を目撃すれば、その印象は深く脳裏に焼き付くだろう。

当時の死刑は、人が集まる所で公開されていたというから、斬首による威嚇効果は絶大であったに違いない。

同居の家族が流罪になるのも唐の時代と同じである。ただし唐の時代には三千里の彼方に流されたのであるが、明の時代の規定によれば、距離は二千里に短縮されている。住み慣れた土地からはるか遠方に流されるという意味では同じなので、処罰される者にとっては、決して罰が軽くなったとは言えない。

明の時代には、少数民族の土地において、蠱師を首だけが露出するように穴に埋め、その上に蝋を垂らしたうえで焼き殺すという残酷な処刑が行われたとも言われている。


清の時代の規定もほぼ同じであり、造蓄蠱毒に対する罰は「斬」であった。

事情を知っているのに放置した里長は「杖一百《じょういっぴゃく》」に処せられると規定されている。いわゆる「百叩き」である。

「杖」を軽い刑罰と侮ってはならない。中国では「杖」は一種の「芸」であるとされていた。叩き方次第では、皮膚が破れ、出血し、酷い有様に見えるが、実は軽傷で済むようにすることもできる反面、見たところ大した傷はないが、実は骨を砕き死を免れないように叩くこともできたと言われている。

体の骨を砕かれ、時間をかけて死に至る。これは一瞬で命を奪われる斬首よりも恐ろしい刑罰と言ってよかろう。

要するに「杖」は、執行官の手加減次第では、死刑よりも過酷な結果をもたらす重い刑罰なのである。

流罪から杖一百への変化。この変更は造蓄蠱毒の摘発を強化する意図を感じさせる。

同じような規定がもうひとつある。

清の時代には、造蓄蠱毒の摘発に貢献した者には、銀二十両[47]の報酬を与えると定められていたのだ。

清代の中国では、蠱術は南方の異民族の呪術であるとの認識がすでに定着していた。造蓄蠱毒に対する摘発の強化は、異民族支配を強化しようとする清朝の態度の表れであろう。

◇現代の中国

漢代から清代までの刑法を概観すると、造蓄蠱毒に対しては、一貫して死刑が適用されてきたことがわかる。

少なくとも二千年の長きにわたって、蠱術は死刑の威嚇によって禁圧しなければならないほど危険な犯罪であるとみなされてきたのだ。

では、現在の中国では蠱術は罰則の対象となっているのだろうか。

中国のウェブサイトには「呪いで人を殺したらどのように処罰されますか」という質問が散見される。

しかし現在の中国では、人を呪うことは罪ではない。呪いによって人を殺そうとすることは、近代の刑法では「不能犯」と呼ばれ、処罰の対象外なのである。

中国共産党は呪術を迷信であると断じている。だから蠱術で人を殺したり、害したり

[47] 銀二十両：清の乾隆年間（1736年―1795年）を例にとると、北京の庶民の一般的な月収は銀二両から三両の間であった。ゆえに銀二十両は年収分相当ということになる。

することが可能であるという話自体を認めないのである。

蠱術で人を害することは根本的に不可能であるがゆえに、蠱術を使うことは罪ではなく、それゆえに処罰の必要もないという立場なのだ。

国家が呪いを処罰しないということは、国家が呪いの効果を全面的に否定していることを意味する。

言うまでもなく、日本においても事情は同じである。呪いで人を殺そうとしても「不能犯」として起訴すらされないのだ。

少なくとも法制度上は、中国にも、日本にも、呪術は存在しないのである。

◆小結――蠱の多様性は病とのかかわりに収斂する

甲骨文字の時代から『駆蠱燃犀録』の時代まで、蠱に関する基本的なイメージは出揃ったと言ってよい。

そのイメージをここでもう一度確認しておこう。

◇蠱は病因である

蠱は人を病気に陥れる存在、すなわち何らかの病因である。

呪いによるダメージには、病気、怪我、破産などの経済的な損失、家族の死、自分自身の死など、様々な事象がありうる。

蠱の特徴は「病気を経由した死」である。中蠱すると、先ず何らかの病状が現れる。これを放置すると最終的に死亡するのだ。

蠱に中っても、直ちに死ぬことはない。また雷に当たるとか、猛獣に襲われるなどの、外力による禍が降りかかることもない。

蠱と「病気」の間には、切っても切れない縁があるのだ。

◇蠱は呪術である

自然発生的に生じた動物の悪霊が人に憑りつくことで、蠱病に罹ることもあるとされている。

しかし多くの場合は、誰かが誰かを害するために、超自然的な力、すなわち呪力を用いて蠱を作り出すのである。

蠱術は、毒虫や害虫の単なる飼育術ではない。蠱師が作り出す蠱も、単に「運よく生き残った動物」ではない。

蠱には呪力が込められている。蠱は霊的な存在なのだ。だから、必ずしも生物であるとは限らない。漢代の桐木人のような無機物ですら蠱になりうる。

◇蠱は生き物と密接に関わる呪術である

魏晋南北朝時代の話の中には、蛇蠱、蜈蚣蠱、猫鬼が現れ、造蠱の方法として「百虫を集めて互いに捕食させる」との記録が残されている。

蠱は「小動物を媒介とする呪術である」というイメージは非常に強く、中国でも、日本でも、蠱と言えば、百虫を集めて作り出すものと考えている人が多い。

そして過去の文献には、確かに、蠱術と毒虫、獣、小動物との密接な関係が記録されていた。

以上のイメージは、どれも実際に記録され、語られて来た蠱のイメージである。しかしそれぞれのイメージは矛盾しているようにも見える。

特に桐木人を用いる巫蠱と、虫から蠱を作り出す蠱術の関係については、両者は全く別の呪術であるとする意見も少なくない。

しかし私は、両者に何らかの共通性があったと考えている。

確かに、桐木人と蠱虫は全くの別物である。しかし記録に残されていない呪式の細部に「蠱」という共通の言葉で表される何かがあったのではないか。

桐木人を埋める行為や、蠱虫を作り出す行為は、蠱術の一部に過ぎない。

蠱術が代々受け継がれてきた呪術であることや、呪詛の練達者が巫蠱を行っていたことから考えれば、蠱術や巫蠱には複雑な準備や作法が必要であったと考えられる。さらに特殊な呪文が必要であったとも言われている。

そうした作法や、準備や、呪文。言い換えれば、呪術の「秘儀」の部分に何らかの共通項があり、それゆえに虫を媒介にする蠱術にも、桐木人を用いる巫蠱にも「蠱」という文字が現れるのではないだろうか。

またそう考えることによって初めて、外見上は全く異なる複数の呪法が蠱術と呼ばれていることを説明できるのである。

さらに付け加えるならば、このように考えることによって、日本の平安時代に用いられた蠱術が、人形《ひとがた》を用いたり、土器《かわらけ》を用いた呪術であった理由も理解可能となるのである。

安倍晴明、蘆屋道満《あしやどうまん》[48]らは、恐らく蠱術の本質的な秘儀を知っていた。そうであるからこそ、虫を用いなくても蠱術を行うことができたのであり、また、蠱術を見破ることができたのであろう。

つまり、結論はこうなる。

一見、矛盾するように見える蠱の複数のイメージは、実は全て蠱の一面を表しているのだ。

あるときは桐木人を用い、あるときは紙人を飛ばし、あるときは虫を集め、あるときは猫を操る。さらには、目に見える実体を持たない「鬼」を操ることすら、蠱術なのである。

だからこそ現代中国の蠱についての体験談や噂話は多面的であり、矛盾に満ちているようにすら見えるのだ。

その具体例の数々を次章で詳しく紹介しよう。

[48] 蘆屋道満：（生没年不明）安倍晴明とライバル関係にあったとされる平安時代の呪術師。『宇治拾遺物語』や歌舞伎、浄瑠璃などの古典芸能の中に登場するが、真実の人物像は謎に満ちている。

第二章 現代中国の蠱術

◆秘伝として現代中国で継承される蠱毒

中国共産党の党是《とうぜ》は迷信打破である。中国政府は呪術や呪いは迷信であると宣伝している。

しかし現代の中国にも多種多様な呪術が存在する。そうした中でも、蠱術《こじゅつ》はとりわけ異彩を放つ呪法である。

現代中国で語られる蠱の特徴のひとつは、生き物との関わりが鮮明である点だ。過去の書物に現れる蠱と比較すると、現代の中国人が語る蠱には、生命の息吹が強く感じられる。

動物がもつ人知を超えた能力。それは霊力と言っても、呪力と言ってもよかろう。中国人は生き物がもつ得体の知れない能力を感じ取り、畏怖してきた。そしてその能力を操る呪術の存在を確信している。この確信が無くならない限り、中国社会における蠱の存在感は揺るがないだろう。

現代中国で語られる蠱には、もうひとつの特徴がある。

中国人は「秘伝」あるいは「家伝」を信じている。中国社会のあちらこちらに、親から子へ、師匠から徒弟へと、密かに、脈々と伝えられる「何か」が存在するという常識がある。日本でも伝統芸能の世界などでは、芸の伝承が行われている。しかしそれ以外の場面で秘儀の伝承があるという観念は乏しい。一方、中国という国は、ごく一般的な集落にも、何代目の当主を名乗る呪術師が存在する世界なのである。

もちろん秘伝は呪術師だけのものではない。易者、医師、菓子舗《かしほ》、料理人など、様々な世界で先祖代々受け継がれる秘伝があるとされている。中国とはそのような国なのだ。蠱師《こし》たちは、部外者にはうかがい知れない呪法を脈々と継承し、特別な呪力を具えているに違いない。現代の中国ではそのように考えられている。

蠱術が秘伝だとすれば、そこから次のような疑問が湧き出してくる。

蠱術の秘伝とはどのようなものか、どのような人たちが蠱師の後継者になるのか。

実は、現代中国で語られている蠱の話の中には、これらの疑問への答えとなるような話も含まれている。

この章では、蠱にまつわる噂話、体験談、報道などを紹介しよう。これから紹介する話の中に、古い時代の蠱のイメージを見出すこともあれば、新たな側面を発見することもあるだろう。

◆龍州鶏鬼

中国の地図を広げ、香港を起点にして視線を西に向けると、広西省《こうせいしょう》の山深い土地の中に龍州県《りゅうしゅうけん》[1]という地名を見出せる。

龍州県は、広西チワン族自治区・崇左市《すうさし》西部に位置し、ベトナム国境からもそう遠くない土地である。なお、龍州県が崇左市の中にあると聞くと奇異に思われるかもしれないが、中国では日本とは逆で、県よりも市の方が大きな行政単位である。

龍州県一帯には現在でも「鶏鬼《けいき》」と呼ばれる妖怪が存在すると言われている。

龍州と言えば鶏鬼、鶏鬼と言えば龍州と言われるくらい、龍州と鶏鬼は深く結びついているのだ。

鶏鬼が蠱術と関わりがあることは明らかであるが、その具体的な関係は謎に包まれている。

なぜなら、そもそも鶏鬼が何かということについて、それを語る人によって、説明の仕方が異なるからだ。

鶏鬼と蠱の関係については大別すればふたつの説がある。

---

[1] 龍州県

ひとつは、鶏鬼自体が蠱である、すなわち鶏鬼は鶏蠱《けいこ》だという説である。
もうひとつは、鶏鬼は蠱そのものではなく、ある種の蠱を操る蠱師を指すという説だ。
この他にもさらに複雑な伝承があり、そのことが鶏鬼の神秘性をさらに深めている。

龍州には鶏鬼がいる。油断すると鶏鬼の餌食になる。

このように、多くの中国人は鶏鬼の正体を知らぬまま、鶏鬼の影におびえているのである。

以下、中国で語られている鶏鬼の話をいくつか紹介しよう。

一九八〇年代初頭のこと。
龍州から凭祥《ひょうしょう》[2]にかけての一帯には鶏鬼の噂が絶えなかった。

そのころに鶏鬼患者[3]を目撃したという話が残されている。

一人目の患者は一〇八歳の老婆である。
いつもは広東語を話していたその老婆は、ある日突然、流暢な標準語を話し始めた。

[2] 日本語表記は「憑祥」。

[3] 鶏鬼患者：鶏鬼の呪力により病気になった患者。

それだけではなく、全身の体力が旺盛になり、叫びながら走り回った。家族が後を追っても追いつけないくらいであったという。

家族は老婆が精神に異常をきたしたと悲嘆したが、走り回るうちに転倒した老婆が立ち上がると、完全に元の状態に戻っていた。

もう一人の患者は北方から来た採購員《さいこういん》[4]である。

その採購員はある日突然、少数民族の言葉やベトナム語をしゃべり出した。

さらに立ち居振る舞いが一変した。その様子は数年前に死亡した現地の村人とそっくりであった。

この二人の患者には共通点があった。

手足が痙攣し、まるで鶏の脚が枝をつかむような姿になっていたというのだ。

さらに鶏の鳴き声に似た奇声を発することもあったという。

当地の住民の説明によれば、鶏蠱に中ると、人は生きたまま鶏鬼になるそうだ。

また、死者の霊魂が憑りつくことによっても鶏鬼になることがあるという。

この場合には、憑りつかれた人の人格が変化して、死亡した人物そっくりになってしまうそうだ。

龍州から左江《さこう》[5]両岸にかけては昔から鶏鬼の伝説が多く、目撃談も少なくない。

そうした話には次のような特徴がある。

---

[4]採購員:「採購員」は「バイヤー」という意味である。別の土地から何らかの商品を買い付けに来た人物であろう。

[5]左江:「左江」は龍州県南部を東西に流れる川の名前である。龍州県の左江両岸には「龍州左江風景区」が広がり、鶏鬼のような禍々しい伝承とは裏腹の、風光明媚な観光地となっている。

ある日突然、何の問題もなかった人の手足が痙攣し、高熱が出て、理解できない話をしゃべり出す。

さらに白目をむいて体を揺らし、指先は鶏が枝をつかむような姿で硬直する。鶏の鳴き声に似た聞くに堪えない奇声を発することもある。

こうした症状は現地では鶏鬼や死者の霊魂の仕業であると考えられているが、科学者はマラリアの重症例であると説明している。

しかしマラリアの症状と鶏鬼による奇怪な症状は完全には一致しない。

この話によると鶏鬼は鶏蠱に中った人を意味している。また死者の霊に憑りつかれて鶏鬼になる場合もあるとされている。この場合の鶏鬼は鶏蠱や悪霊の被害者であり、鶏鬼独特の症状に苦しめられる存在である。

何らかの憑依現象。これが鶏鬼のひとつの形だ。

しかし鶏鬼は常に被害者を表すとは限らない。その典型的な伝説を紹介しよう。

かつて龍州県の村人たちが皆まだ貧しかったころの話である。

当時は電気もなく、夜になると灯油のランプを使っていた。

それでも夜は非常に暗いので、深夜に他人の家に忍び込んで盗みを働く者が絶えなかった。

このような泥棒を村では「夜里歓《イエリーホアン》」と呼んで憎み恐れていた。

あるとき隣村から来た夜里歓が盲目の老人の家に忍び込み、一羽の雌鶏を盗んだ。夜里歓は雌鶏を抱えて帰ろうとしたが、その途中で荒れた墓の前を通りかかったとき、その雌鶏は「若い人、離してちょうだい。家に着いたんだから」と、人の言葉を話した。

このような妖怪は昼間は人の姿に変化すると言われている。

道を歩くときは必ず落とし物を捜すかのように下を向いて歩くそうだ。


夜里歓は「夜を歓迎する者」という意味になる。当時は夜の闇を利用して、別の村まで遠征して窃盗を働く輩が少なくなかったということだろう。

昔話風の話では、こうした輩は悪事の報いとして何らかの制裁を受けるのが「お決まりの型」であるが、この話の中にそのような要素は見出せない。

それにしても、鶏が人の言葉を話すとは不気味な話だ。夜里歓が盗んだ雌鶏は、明らかにただの鶏ではない。霊的な力をもつ鶏蠱なのである。

この鶏鬼は盲目の老人によって作り出されたものなのか、それとも墓に葬られた何者かの霊魂が鬼となり、雌鶏に姿を変えたものなのか。この点については解釈の余地が残されている。

鶏鬼とは何かと問われれば、この話を聞く限りでは、鶏鬼とは人の言葉を話す雌鶏だということになる。

しかし次のような話もあるのだ。

龍州には間違いなく鶏鬼がいる。
鶏鬼は放蠱《ほうこ》することができる。放蠱というのは、気に入らない人に対して用いる呪いだ。
いったん放蠱されると、鶏鬼の助けが無ければ解蠱《げこ》できない。
日に日に体力が衰えて死んでしまうのだ。
そうして死んだ人は必ず火葬しなければならない。
土葬すると、その魂が人に憑りついて鶏鬼になってしまうからだ。

この話では鶏鬼は蠱師を指している。

鶏鬼という言葉とは裏腹に、この話には鶏が姿を現さない。鶏鬼が操る蠱は実体を伴わない呪力そのものらしい。

さらに蠱によって殺された者は別の鶏鬼を作り出すという。このように人を害する見えない力が増殖し、拡散するというイメージは、鶏鬼に一層不気味で恐ろしい印象を与えている。

鶏鬼は蠱師であるという話は他にもある。

龍州の鶏鬼は視線を斜めに向けない。

道を歩くときは足元を一直線に見るので、落とし物を捜しているように見える。だから龍州では鶏鬼に間違われないように、子供の時から目をよく動かすように訓練する習慣がある。

もしも鶏鬼が視線を斜めに向けて誰かを見ると、その人は蠱に中ってしまう。

この話にも鶏は登場しない。呪物を使うわけでも虫を操るわけでもない。鶏鬼から視線を向けられただけで中蠱《ちゅうこ》するというのだ。

この話では中蠱するとどうなるかは説明されていないが、そのことを示す話もある。

鶏鬼は食べ物を手にもって、一般人にはわからない言葉を呟く。

その食べ物を食べた人は中蠱し、様々な病気になる。

その症状は、腹が膨らむ、高熱が出る、口から回虫が這い出す、四肢の力が抜けてしまう、鼻血が止まらない、体が痙攣するなどである。

このような病気を発症すると最終的には死んでしまう。

最初に紹介した話によると、鶏鬼による病気は一過性であり、死に至る病ではないように描かれているが、この話のように、鶏鬼に中れば死亡するという話も伝えられているのだ。

鶏鬼の話には奇病の話が付いて回る。では、鶏鬼はなぜ人を病気に陥れるのか。高齢の老婆が奇病を発症したり、視線を向けられただけで鶏鬼に中る。こうした話によれば、鶏鬼の背景に恨みや報復などの動機があるわけではなさそうだ。

これと言った理由もないままに、突然病に倒れるのが鶏鬼の怖いところなのである。ある中国人の説明によると、鶏鬼はやはり蠱の一種であり、蠱師は長いあいだ人を害さないで放置すると、自分自身が害されるという。

これは『隋書・地理誌』において、蠱師は三年間人を殺さなければ自分自身が害される、と記されていたことを想起させる話だ。

自分自身が鶏鬼の被害者にならないためには、定期的に誰かに害を与えなければならない。だから鶏鬼の被害者には危害を加えられるべき理由などない。被害者は偶然選ばれるのだ。

これが鶏鬼がいまだに恐れられているもうひとつの理由なのである。

◆広西の頭髪蠱

龍州鶏鬼は現代中国の蠱の中でもかなり有名な存在であり、龍州の怪異として明確な地域性をもつ存在である。

しかし現代中国の蠱は龍州だけに残存しているわけではない。現在の中国では特に南方の各省、とりわけ湖南省、雲南省、貴州省、そして龍州県を含む広西が蠱術が盛んな地域であると言われている。

これらの地域に共通する特徴は、少数民族の人口が多いという点だ。そして現在の中国における蠱術は、少数民族と切り離して語ることはできない。

歴史を遡れば、蠱術は漢民族の文化圏に浸透していたことは明らかである。しかし現在の中国では、漢民族の多い地域に蠱術が残存しているという話は非常に少ない。蠱術の見聞記録、体験談の多くは、南方各省の少数民族の集落が舞台である。

つまり現在の中国における一般的な見解は「蠱術は南方の少数民族の共同体の中に残存する呪術だ」ということになる。

広西は「広西チワン族自治区」[6]の名が示す通り、少数民族の土地である。それゆえに

[6]広西チワン族自治区：広西チワン族自治区にはチワン族の他にも十以上の少数民族が暮らしている。最大人口のチワン族は紀元前から漢民族との交流がある。彼らの祭器である銅鼓は文化的にも芸術的にも重要な工芸品として有名である。

龍州県に限らず、蠱にまつわる話が多い。

龍州県の周囲、すなわち広西で語られている蠱の話をもう少し紹介しよう。

広西の北部に融水《ゆうすい》[7]という地区がある。

日本ではあまり知られていないが、美しい自然景観や緩やかな斜面を覆いつくす棚田に恵まれた、中国では少しは名を知られた観光地でもある。いかにも中国風の奇観で有名な桂林の西に位置すると言えば、おおよその所在地がイメージできるだろう。

この山深い地域では、小動物を使う蠱術が現在でも行われているという。

タケノコ掘りに出かけた少女が慌てて家に戻ってきた。蛇に足を噛まれたというのだ。

少女の父親はすぐに傷口の上部をきつく縛って瀉血《しゃけつ》した。すると濃い紫色の血が流れ出した。

その血の中に顆粒状のものがあるのを見つけた父親は、急いで湯を沸かし、瀉血した血の中に湯を注いだ。

しばらくすると血液と湯が分離して二層にわかれ、上部の湯の上に白い粒が浮かんできた。

それを見た父親は慌ててどこかに出かけて行き、その日の夜になってから、ようやく老婆を連れて戻って来た。

[7] 融水：融水苗族自治県は「九山半水半分田」と呼ばれる土地柄である。つまり山が九割で、残りの一割のうちの半分が河川、もう半分が水田という環境なのだ。ここには苗族の他にも複数の少数民族が暮らしている。現在は米、鴨、茶、キノコなどを生産している。

老婆は「絶対に見てはいけない」と念を押してから、蛇に噛まれた少女が寝ている部屋に入り、かなり長い時間呪文を唱え続けた。

呪文が終わり、部屋から出て来た老婆の腕には、生々しい傷ができていた。

父親の話によると、娘を噛んだのは蛇蠱《だこ》であった。蠱に中ったときは通常の治療法では効果が無い。

そこで父親は村の有力者のところに相談に行き、娘を噛んだ蛇蠱の主が誰かを聞きだしたそうだ。

村の有力者はそれぞれの蠱師がどこに蠱を隠しているかを知っていて、そのことを武器にして蠱師と交渉できるという。

父親が連れて来た老婆こそが、蛇蠱を放った蠱師だったのである。蠱師は村の有力者の仲介で解蠱に応じたのだ。

解蠱には蠱師自身の血が必要だそうだ。

以前は血を使わない解蠱法があったそうだが、その方法は今ではもう伝わっていないという。

これは蛇蠱を即座に見抜いて解蠱を依頼し、娘の命を救った父親の話である。

当地では蛇に噛まれた場合に、それが通常の蛇なのか蛇蠱なのかを区別する習慣があることがわかる。

瀉血した血に顆粒状の物質が混ざっている場合は蛇蠱に中ったと判断するようだ。

この顆粒状の物質は、瀉血中に声を出すと消えてしまうという話も伝わっている。

単に蛇に噛まれたのではなく、中蠱したと判断した場合は、その蛇蠱を放った蠱師に解蠱を依頼しなければならないようだ。

蠱を放った蠱師だけが解蠱できるという話は、融水地区に限らず、今の中国では広く語られている。

一般的には蠱に中ったことは見抜けても、誰が蠱を放ったかを断定することは難しい。

しかし蠱師の挙動は日頃から監視されている場合もあることがわかる。この村落では、特定の人物が蠱師の動向を詳しく知っていて、蛇蠱を放った蠱師を特定できたのである。

蛇蠱の場合は、蛇が人を噛むという直接的な攻撃が中蠱のきっかけであった。

このようにして蠱に中るのは不幸中の幸いである。なぜなら蠱を見抜く力量があれば助かる可能性もあるからだ。

しかし蠱は常に蛇蠱のように人を襲うとは限らない。その一例が次の話である。


ある貧しい青年が交際していた女性に結婚を申し込んだが、女性は申し出を断って別の男性と結婚してしまった。

その後、青年は三年かけて造蠱《ぞうこ》の修業をした。三年で蠱術を身に付けるのは異例の速さだという。

蠱を作り出した青年は、それを別れた女性の食べ物に忍び込ませた。

しばらくすると女性の腹が大きく膨らみ、女性は吐き気を訴えるようになった。

周囲の人は女性が妊娠したと考えたが、病院で検査したところ、それは妊娠ではなく腹水が溜まった結果だった。

すぐに治療を始めたが、女性の病状は悪化し、腹はますます膨らみ、顔色は黄色く変化した。そして最後に目、口、鼻、耳から血を流して死んでしまった。

村の古老が「これは中蠱した結果だからすぐに埋葬しないと蠱が家族全員に移って全滅する」と言ったので、死体は直ちに埋葬されたそうだ。

後にわかったことだが、女性が死亡する直前に、蠱を放った青年が女性の家の近くで呪文を唱えていたという。

体の中に入った蠱は、蠱師の呪文によって成長し、体の中を食い荒すそうだ。

この話のように、蠱は食べ物を通じて体の中に入るとする説も広範に語られている。このようにして蠱を放たれた場合には、被害者はいつ中蠱したかわからず、気が付いたときには手遅れになっていることもあるのだ。

蠱はあるときは蛇の姿で人を襲い、あるときは食べ物に紛れて体内に侵入する。同じ地域であっても、蠱術をひとつの決まった呪法と考えることはできない。実際には蠱術は多様であり、様々な方式がありうるのだ。蠱師によって用いる蠱が異なり、それぞれの蠱は、それぞれ違った方式で人を害するのである。

こうした蠱師の流儀は、代々継承される秘儀だと考えられている。そして蠱術の秘儀を伝授するための手段として、独特な蠱術が使われることがあるというのだ。

蠱師は頭髪蠱《とうはつこ》を使って次の世代に蠱術を伝えている。

頭髪蠱というのは髪の毛を使って作る蠱ではない。髪の毛の中で育てる蠱が頭髪蠱なのだ。

多くの蠱師には実子がいない。だから蠱師は遠方に出かけて養女を引き取り、蠱術を伝えるための養子を確保する。

こうした養子の髪の毛の中で育つのが頭髪蠱なのである。

頭髪蠱は三歳から五歳くらいの、まだ幼い子供の髪の毛の中に放たれる。蠱師は養女の髪を洗うときに、髪の中に蠱を忍び込ませるのだ。

髪の中に蠱が住み着くと、蠱は処女の精気を吸い取り成長する。処女の精気は蠱の作用によって髪を潤すので、頭髪蠱がいる女性の髪は非常に美しい。

頭髪蠱を放つ目的はふたつある。

ひとつは蠱師としての能力を高めることだ。髪の中に頭髪蠱がいると、蠱術が上達しやすいそうだ。

もうひとつは養女を支配することだ。

髪の中に頭髪蠱がいる女性は、男性と交わると頭髪蠱の怒りにふれ、髪は抜け落ち、容姿は崩壊するという。

だから頭髪蠱を仕込まれた女性は一生処女のままで過ごすことになる。

また蠱師の養女は男性と関わりを持ってはいけないと言われて育つので、外界との接触を恐れ、蠱師の支配に服従するのである。

現代の中国では多くの場合、蠱師は女性であると考えられている。だから現代中国語では蠱師という言葉は一般的ではなく、通常は蠱婆《こば》または草鬼婆《そうきば》という言葉が使われている。なお、草鬼は蠱の別名である。だから蠱婆は草鬼婆とも呼ばれる。地域によっては草鬼婆と呼ぶことのほうがむしろ多いらしい。

蠱師は多くの場合独身であり、村落共同体の中で孤立した存在であると言われている。

なぜ蠱師は孤独な存在なのか。

蠱師に実子がいないのは、この話によれば、小さい頃から「男性に近づいてはならない」と言われて育つからである。

しかし他にも理由がある。

村落共同体の中では誰が蠱師かは誰もが知っているという。そして蠱師は他人を害さなければ自分自身が滅ぼされる呪われた存在であると認識されている。

当然、近隣住民にとって、蠱師は恐るべき存在であり、避けて通るべき存在なのだ。だから蠱師には結婚相手がいないのである。

さらに別の理由もある。

蠱術の修業は危険であり、その修業中に体を害することによって、子供を産めない体になるとも言われているのだ。

このような事情があるので、子孫や伝承者を残さないまま死亡する蠱師も多く、その結果、蠱術が廃れると同時に、解蠱法などの有用な知識も闇に葬られてしまうという。

蠱師が次の世代に蠱術を伝えるためには、自分を蠱師だと認識している共同体から離れ、別の土地で養子を引き取るか、あるいは何らかの手段で子孫を残すための男性を確保しなければならない。

そのために用いられる蠱術が情蠱《じょうこ》と呼ばれる呪術である。情蠱については後に詳しく述べる。

◆雲南の吸血蠱

蠱術が残存している地域の中でも特に蠱術が盛んだと言われているのは雲南省[8]である。雲南省は広大で、ごくわずかな都市部を除けば、その多くは山に囲まれた不便な土地である。そうした土地に少数民族[9]の小さな集落が散らばり、昔ながらの習慣を守って暮らしている。

テレビ番組や旅行情報誌などで紹介される雲南省の山奥の観光地は、広大な雲南省の中では例外的な地域であることを忘れてはならない。

雲南省では、蠱は抽象的には次のようなものだと言われている。

> 天地の極陰《きょくいん》[10]が邪気となり、毒として固まる。この毒に呪力を加えて蠱となす。

蠱の本質は陰の気だと言うのだ。

陰気は言うまでもなく陰陽理論の言葉だ。陰は暗く、重く、湿気を帯び、下降する。だから陰は地底に蠢く魑魅魍魎の世界を象徴している。

[8] 雲南省

[9] 雲南省の少数民族：雲南省の人口のおよそ3分の1が少数民族であると言われている。中国での分類によれば25の少数民族が暮らしており、最も人口が多いのは彝(い)族であり、最も人口が少ないのは独竜族である。それぞれの少数民族に呪術を含む独自の文化がある。

陰陽理論において陰と陽は女と男でもある。女性が陰であることは、呪術の世界では特別な意味をもつ。つまり女性が陰の世界を司る。言い換えれば女性が操る呪術は陰の呪術、すなわち鬼神《きしん》[11]を操る呪術であるということだ。そのことを印象付ける伝説がある。

雲南省では蠱を作る具体的な方法は、南方から来た妖女が伝えたとされているのだ。雲南省の南方は現在のベトナム、ラオス、タイ、ミャンマーである。

だからこの伝説は真実とは無縁であるかもしれない。甲骨文字の時代にすでに現在の蠱術と同様の蠱術が行われていたのであれば、蠱術は甲骨が出土する北方の漢民族の土地で生まれた呪術であると考えるのが自然だからである。

しかし、もともと北方にあった蠱術の原型となる呪術が、中国南部よりもさらに南方の呪術と融合して現在の形になったのだとすれば、多種多様な毒虫が生息する東南アジアの密林が蠱術の起源のひとつである可能性も否定できない。

伝承によれば、蠱術を伝えた妖女は神の怒りに触れ、雷に打たれて死んだが、すでに蠱術を伝授した後であったため、雲南の地に蠱術が定着したと言われている。

雲南省においても蠱術はある決まった呪術を指す言葉ではない。

蠱術にまつわる話はそれぞれ異なり、そもそも蠱がどのようなものかについても諸説ある。

例えば、蠱は人の形をしているが、よく見ると耳の後ろに羽があり、背中は赤い毛で

[10] 極陰：陰にも程度があるとされている。例えば一日のうちで昼は陽、夜は陰である。しかし陰は一様ではなく、夜が深まるにつれて陰は深く濃くなる。最も深まった状態が「極陰」である。最も濃い陰気、あるいは邪気と言い換えてもよい負のエネルギーが蠱を生んだというのだ。

[11] 鬼神：妖怪・悪霊という意味。

『禳蠱奇書(じょうこきしょ)』
に掲載されている蠱

覆われているという話がある。

　また、蠱は大型で丸々と太った蛾の姿をしているという話もある。蛾の背部は短い毛に覆われていて、体表には見る者を戦慄させる奇怪な模様があるそうだ。

　ただし蛾の姿は「原型」に過ぎず、もっと目立たない小さな虫に姿を変えることもあるようだ。

　そうかと思うと蠱は粉薬であるという話もある。もちろんこの粉薬は本当の意味での薬ではなく、毒虫などから呪術によって作られる粉薬の姿をした呪薬である。

　さらに蠱には決まった形がないという話もある。蠱は自在に姿かたちを変化させるというのだ。

　最も不気味なのは、蠱が人の姿をしているという話だ。例えば次のような話がある。


　ある青年が、出稼ぎに出た先で美しい女性と出会い、一緒に生活を始めた。

　あるとき旅の僧侶がこの青年に、「夜になったら相手に気付かれないように、お前と暮らしている女が何をしているか、こっそり見てみろ」と言った。

　その夜、青年は僧侶に言われた通り、眠らないように気をつけていると、女性は密かに起き出して髪を梳かし、化粧をし始めた。

化粧が終わると、女性の体が浮かび上がり、窓から外に出て行った。

青年が窓に近づいて外を見ると、庭の大木の周りにいくつもの人影が浮かんでいた。浮遊する人の目からは緑色の光が出ていた。

次の日、青年はこのことを旅の僧侶に告げた。

僧侶は、「何か言いわけを見つけてこの地を去れ、そのとき女は一定の期限を切って必ず戻るようにと言うから、その期限を必ず守れ。そうすれば何とかしてやる。ただし期限を守らなければ命の保証はない」と言った。

青年はすぐに家に戻り、両親に孝行をするために帰省したいと切り出した。すると女は一年後に必ず戻ることを条件に承諾した。

そこで青年は故郷に帰ったのである。

故郷では何事もなく時が経過し、期限の一年が迫ってきたので、青年は女の家に戻るために出発した。

ところが旅の途中で暴風雨に襲われ、青年は立ち往生してしまった。そのあいだに約束の一年が経過してしまう。

すると、青年は強烈な腹痛に襲われ、四肢が腫れあがり、苦悶しながら死んでしまった。男を待っていた女は、雨が止んでから青年を捜しに出かけた。すると女は帰路の途中で死んだ青年の死体を発見した。

青年が自分を裏切ったわけではないと知り、女は嘆き悲しみ、毒薬を飲んで自殺してしまった。

村人たちは二人を同じ墓に埋葬したそうである。


この話に出てくる女は、それ自体が蠱であるとも解釈できるし、空中浮揚する術を心得た蠱師であるとも解釈できる。

青年は女の蠱術によって、一年後に死亡するように呪をかけられていたのだ。期限通りに帰れば呪いが解かれ、命が助かるはずだったと考えてよかろう。つまり男には、裏切ったときのために、予め復讐が仕掛けられていたのである。

このような蠱は定年《じょうねん》蠱《こ》と呼ばれ、現代中国ではしばしば耳にする話である[12]。この蠱術には大きな欠点がある。男が約束を守ろうとしていても、期限が来ると命を奪ってしまうのだ。話の中の青年が、まさにその例である。

約束を守ろうとしていた男が蠱によって死んでしまった。これは男を疑った女の罪である。だから女は自殺したのだ。

僧侶の意図は全くわからない。また、どのようにして青年を救おうとしたのかも謎のままだ。しかしそれは、この話を伝えてきた人たちにとっては、どうでもよいことなの

[12]定年蠱の話：他にもこのような話がある。
ある村に若い夫婦がいた。夫である瓦職人が街に瓦を売りに行き、そこで別の女性と不倫関係になり村に戻らなかった。しばらくして妻が街に出ると偶然夫に出くわした。妻は村に戻るように懇願したが夫は首を横に振った。妻はすぐに帰ってこないと病気になってしまいますよ、と言って定年蠱を放った。しかし夫は戻って来なかった。しばらくすると夫は奇病に罹り死んでしまった。

だろう。

　この話は、蠱の恐ろしさを伝える意図で語られているのだから、そもそもなぜ僧侶が青年を助けようとしたのか、あるいは青年が約束通りに帰っていたらどうなっていたかを詮索してみても始まらないのだ。

　この話が伝えたいのは、蠱に中ると解蠱しない限り、確実に死ぬという恐ろしさだ。しかしその一方で、女性が愛に殉じるのだから、蠱が単純に邪悪なものとして描かれているわけではない。

　蠱師や蠱の性質を帯びた人は、自ら望んでそのような存在になったわけではなく、何らかのやむを得ない事情でそうなったという考え方があるからかもしれない。

　蠱が虫の姿をしている例としては次のような話がある。


　蠱師は夕暮れになると蠱を放つ。

　蠱は干してある子供の衣服などに取りつき、子供の血を吸う。

　蠱に血を吸われると子供の体力が失われ、血便が出たり肌に潰瘍ができたりする。

　この病気は医者には治せない。

　助かるためには蠱師に大金を払って解蠱してもらうしかない。そうしなければ子供は死んでしまう。

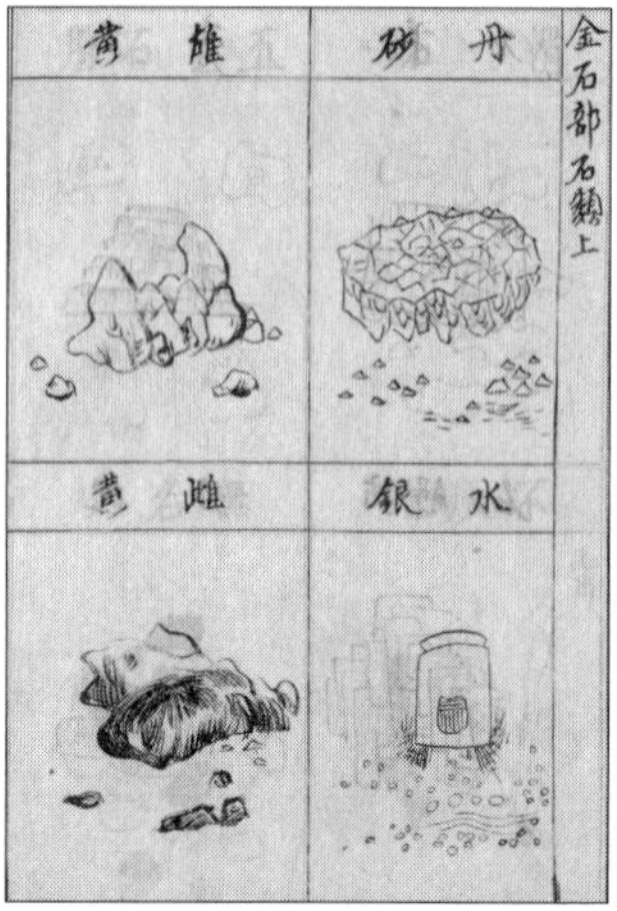

左上が雄黄（画像出典：李時珍著『本草綱目』国会図書館蔵）

こういうことが起きるので、雲南省では子供の衣服を遅くまで干してはならないとされている。蠱師が放った蠱が発見されて殺されると、蠱師のほうが死んでしまう。だから蠱師は絶対に発覚しないように秘密を守ろうとする。

蠱が子供の血を吸うという話からもわかるように、雲南省では蠱の被害に遭うのは子供だという考え方がある。

雲南省の省都・昆明の北部に虹山《こうざん》という地区がある。かつてそこに雄黄塔《ゆうおうとう》という塔があったそうだ。この塔は昆明の住民が蠱の呪力を無力化するために建てたものだそうだ。雄黄[13]は漢方薬の一種であると同時に虫除け、厄払いの呪力をもつとされている鉱物である。雄黄塔という名は、この雄黄の呪力にあやかった名前であろう。

雄黄塔は時を経て老朽化し、崩壊した。その直後に昆明では子供の死亡が相次いだそうだ。抑え込まれていた蠱の呪力が解放され、子供の命を奪ったということだろう。

なお、塔が建てられたのは明代であり、塔が崩壊したのは清代の光緒帝《こうしょてい》[14]の頃だという。

---

[13] 雄黄：雄黄は現在でも漢方医学の教科書に掲載されている漢方薬である。漢方薬は植物とは限らない。雄黄のような鉱物やムカデのような小動物も漢方薬になる。雄黄は毒性が強いので内服するよりも皮膚の化膿を治療する外用薬として用いられることが多かったが、現在では使用頻度は低い。

なぜ蠱師が蠱を放つかについては、やはり定期的に蠱を放って人を害さなければ、蠱師自身が死ぬからだと説明されている。死亡するまでの期限は、やはり三年だという話が多い。

興味深いことに、蠱を放つ相手は人間に限られないとされている。

人に蠱を放てば三年のあいだは病を得ない。
牛に放てば一年のあいだは病を得ない。
樹木に放てば三月のあいだは病を得ない。

動物や植物にも蠱を放つことができると考えられているのは興味深い。ただし狗《いぬ》にだけは蠱を放つことはできないとされている。

また蠱師は狗を恐れ、狗の肉を食べないとも言われている。中国では魑魅魍魎の類は狗を恐れるとされている。蠱も魑魅魍魎、あるいは鬼の一種であるから、狗を恐れるとしても不思議ではない。

なお、蠱を放つ動機は自分自身の安全を保つためだけとは限らない。蠱を放って他人を殺し、その財産を奪うこともあると言われている。

この動機は隋の時代に流行した猫鬼を操る蠱師と同じである。

[14] 光緒帝：（1871年―1908年）清朝第11代皇帝である。在位期間は1875年から1908年であるから、雄黄塔は19世紀の後半から20世紀の初めのある時に崩壊したことになる。

◆貴州の蠱師

現代中国に流布されている蠱師のイメージは複雑である。

確かに蠱師は定期的に誰かを害することが運命づけられた恐るべき存在であり、何の罪もない人を病気に陥れ、殺害してしまう邪悪な存在である。

しかしその一方で、蠱師は幼いときに養子に出され、蠱師の支配下で蠱術の修業を強要された憐れむべき存在でもある。そして蠱師は多くの場合、近隣住民からは敬遠され、共同体の中で孤立している悲しい存在なのだ。

だからだろう。蠱師に対する周囲の中国人の態度は様々である。単に敬遠する程度の人もいれば、極度に恐れる人もいる。さらには強く憎む人もいるようだ。

そして蠱師に対する態度には地域差があるようだ。

蠱師を憎む傾向が強い土地では「あの女は蠱師だ」という噂が立つだけでも命取りになる。

この状況を利用して、誰かを陥れるためにその人物が蠱師だという噂を流すこともあるようだ。

実際に次のような事件が発生したことがある。

貴州省[15]南西部の小さな村で、ある子供が病気に罹った。

その子供の母親は、自分の弟の嫁が蠱を放ったせいだと言いふらした。つまり弟の嫁は蠱師だと言ったも同然である。

このことは、弟の嫁にとって不名誉なことであるが、影響はそれだけでは収まらない。蠱術は、通常は、母親から娘に伝えられると考えられているからだ。

つまり弟の嫁が蠱師なら、その母親も蠱師だということになり、さらに祖母までが蠱師だということになる。

そうなると、弟の嫁の家族全員に疑惑の目が向けられることになる。蠱術は女性から女性に伝承されるとされてはいるが、男も一定の修業をすれば蠱術を身に付けることができるとされているからだ。

この噂を聞いた弟の嫁の叔父は激怒し、刀を持った男たちを派遣して事の真相を白状させた。

それによると、噂を言いふらした女性と、その弟の嫁との間には、以前から諍いがあったそうだ。

[15] 貴州省

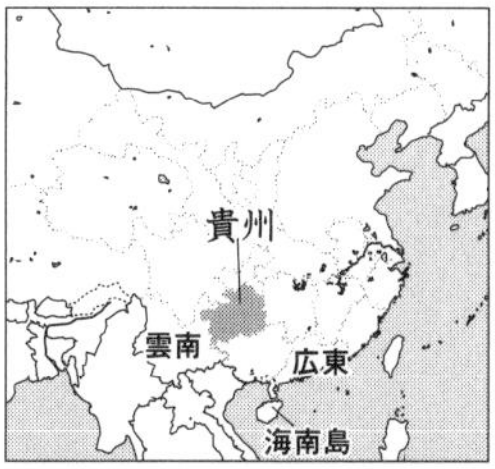

相手を陥れるために、子供が病気になったのを利用して、弟の嫁が蠱を放ったという噂を流したというのである。

その女性は非を認めて謝罪し、狗と鶏を詫びのしるしとして贈ったという。

このような事件が起きる背景には、蠱師を憎み恐れる共同体の共通認識が隠されている。彼らにとっては、蠱術は古い昔の迷信などでは決してないのだ。

恐怖心を利用した犯罪としては、やはり貴州省貴陽《きよう》市で次のような事件[16]が起きている。

貴陽の花鳥市場[17]で神医《しんい》[18]を騙る男が摘発された。

この男の手口はこうだ。

先ず初めに「お薬の無料配布」という看板を使って人を集める。

人が集まったところで、様々な病気に効くという液体の薬を集まった人たちの手に塗る。

全員に塗り終わると、その薬の解説を始めるのだが、最後に「今塗った薬は実は蠱毒《こどく》だ、すぐに解蠱薬を飲まなければ毒が回って体に障害が残る、悪くすれば命は助からない」と脅迫するのだ。

そしてひと粒百元の高価な丸薬を解蠱薬と称して売りつけるのである。

---

[16]事件：これは２０１３年に報道された事件である。もともとは「第一時間」というテレビ番組で放送され、ネットニュースがフォローしたようだ。

[17]花鳥市場：花鳥市場というのは、植物やペットなどを取り引きするマーケットである。花鳥市場は中国のほとんどの都市に存在する。中国に住んでいた頃の私は花鳥市場の常連客であったから、花鳥市場の様子はよく心得ている。

上海のような近代的な都市では、売り手側は敷地内にブースを構えて商売をしているが、地方に行くと昆明のような大都市でさえ、流しの商売人が路上に商品を並べて売っている。中国の花鳥市場は、素性の知れない人たちが、得体の知れない商品を販売する混沌とした雰囲気が漂う場なのだ。

貴陽の花鳥市場で薬を売りつけていた男は、通報を受けた警察官に逮捕されたため、事件が発覚したのである。警察の取り調べによって、実際に多くの被害者が高価な解蠱薬を買っていたことが判明している。

注目すべきはこの事件の発生場所だ。貴陽は貴州省の省都であり、ビルが立ち並ぶ都市部である。

このような地域でも、多くの人が蠱毒を恐れていることがわかる。

ひと粒百元という値段は、日本人の感覚から判断しても高額だ。為替レートにもよるが、百元は日本円で二千円以上にはなる。貴州省は広い中国の中でも特に貧しい地域とされているのだから、この犯人が販売した「解蠱薬」は、現地の人の感覚からすれば法外な値段の薬なのである。

その薬を買うのだから、蠱を恐れる気持ちが生半可なものではないことがわかる。貴州省の人々にとっては、蠱の存在は常識であり、蠱の恐ろしさには十分なリアリティーがあるのだ。

その貴州省で語られている蠱師の話を紹介しよう。

紫雲[19]の村でのこと。

[18]神医：神医は中国では一般名詞で、非常に腕がよい医者を意味する事が一般的である。しかし、この場合は呪術的に優れた能力を持つという「含み」のある言葉として用いられているようだ。

[19]紫雲

道端に腰かけていた老婆が通りかかった子供にピーナツを与えた。

ピーナツを食べた子供は、家に帰ると間もなく、下痢と嘔吐を繰り返し、血を吐いた。すぐに病院に担ぎこんだが、いくら検査をしても原因はわからなかった。

父親が何か変なものでも食べたのではないかと訊くと、子供は老婆からピーナツをもらって食べたことを告げた。

これを聞いた父親はすぐに風水先生に解蠱を依頼した。

風水先生は雄鶏の血と呪符を焼いて作った灰に井戸水を混ぜたものを作った。

この霊水を飲んだ子供は、黒い液体を吐き出した。その中に全身がイボに覆われた蛙がいた。

父親はその蛙を踏み潰して殺した。蛙を殺してしまえば蠱の害から逃れられるそうだ。

その後、子供はすぐに健康を回復したという。


紫雲は貴陽の南に位置する少数民族の自治県である。貴陽とは比べ物にならないほど山深い土地だ。こうした土地で見知らぬ人から食べ物をもらうと中蠱するという話は非常に多い。

この話には蠱師の他に「風水先生」が登場する。

風水先生とは、つまり風水師のことである。この話の舞台となる村では、特に陰宅《いんたく》の風水をみる風水師を「先生」と呼ぶそうである。陰宅とは墓のことであり、中国の風水では、生前に居住する陽宅と同様に、陰宅の風水が重要視されている。

中国の農村では、風水師は風水をみるだけではなく、呪術を使うことができると考えられている。風水先生に解蠱を依頼することからも明らかなように、蠱による病気は呪術的なものであり、医師には治せないと考えられているのだ。

どのように蠱を相手の体内に送り込むかについては、諸説ある。

この話では、食べ物を使って蠱を子供の体の中に送り込んでいる。

しかし他の方法もあるようだ。

爪と指の隙間に粉状の蠱毒を忍ばせ、指を弾くことによって蠱を放つという話も少なくない。

この方式の放蠱についても、人によって説明のしかたが異なる。指を弾いて食べ物の中に蠱毒を振りかけるという人もいる一方で、指を弾くことで直接相手に蠱毒を浴びせるという人もいる。

またどの指で弾くかによって効果が異なるという話もある。

人差し指で弾いた場合は解蠱するのは容易である。
中指で弾いた場合は簡単には解蠱できない。

薬指または小指で弾いた場合は、中蠱した者は必ず死ぬ。

このような言い伝えの背景には、中蠱した場合にも、重症と軽症の区別があるという観念がうかがえる。

軽症の場合は、呪文のような決まり文句を口にするだけで難を逃れる、という考え方もあるようだ。

例えば、魚の骨が喉に刺さったときや、口内炎ができたときには「蠱を放ったのはわかっているぞ、誰の蠱だか知っているぞ、すぐに蠱を持ち帰らなければ、刀で頭を叩き割るぞ」と言う。そうすると蠱の害から逃れられると言われている。

蠱師については次のような話もある。

蠱師は山の中に蠱壺《ここ》を隠している。蠱壺が他人に見つかると、蠱師自身の命が危険にさらされるため、蠱壺の隠し場所は蠱師しか知らない。

かつて蠱壺を家の中に隠している老婆がいた。その老婆は時々蠱壺から神像を取り出してお湯で洗っていた。

老婆の娘はこのことを知っていた。

ある日、老婆が外出したので、娘は老婆の真似をして神像を取り出し、お湯で洗おうとして熱湯をかけてしまった。

すると老婆が慌てた様子で戻って来た。老婆は身を清めて神像をしかるべきところに安置したが、しばらくして息を引き取ってしまった。

神像に宿っていた蠱の魂を熱湯で殺してしまったからだ。

蠱を放つのは、蠱師の一面に過ぎない。蠱師は呪術師としての能力を維持し、高めるために、日頃から人知れぬ儀式を行っているのだ。

その秘儀はそれぞれの蠱師によって異なるのだろう。蠱師が自分自身の呪力を維持するための儀式は、人知れず行われる秘儀であるから、その詳細に触れている話は数が限られている。

この話に出てくる老婆は神像を沐浴させ、大切に扱っていた。この一見すると取るに足らない話は、蠱師の秘密を伝える貴重な目撃談なのだ。

この他にも、蠱師は特殊な薬草から作られる薬を飲むとか、自分自身が蠱毒を飲むことによって呪力を保つという話も伝わっている。

さらに蠱師が密かに挙行する儀式の最中には常識では計り知れない超常現象に類する事象が発生するという話もある。それについては、金蚕蠱《きんさんこ》についての話の中で紹介しよう。

◆福建の金蚕蠱

南宋時代の記録によると、福建諸州[20]では造蠱が盛んであり、特に古田《こでん》[21]、長渓《ちょうけい》[22]では隆盛を極めていたという。

古田のほうは今でも古田県という県名が残っている。古田県は福建省東北部の海岸からかなり離れた土地である。

一方、長渓は福建省の沿海部、霞浦県《かほけん》の中にある。

長渓の所在地を地図で見ると、蠱が盛んな地域は山に囲まれた土地だというイメージが一変する。

古田、長渓の環境は、一方が内陸部、もう一方が沿海部であり、かなり異なる。

しかし南宋時代の両者には先ほど紹介した共通点があり、蛇蠱《だこ》、金蚕蠱、蜈蚣蠱《ごこうこ》、蝦《が》蟇蠱《まこ》の四種が盛んに作られていた。

このうち金蚕蠱は蜀の地、すなわち四川省が起源であるとされている。

しかし宋の時代には湖南、湖北、福建、広東に広がり、福建では、ほとんどの地域で作られると言われるほどになっていたのだ。

---

[20] 福建諸州：場所としては現在の福建省とほぼ同じであるが、一部含まれない部分がある。

[21] 古田：現在ではキノコの生産が盛んな土地として有名だ。食用菌の生産量は世界一だそうだ。

[22] 長渓：養殖業が盛んなこの一帯は、日本人にとっても無縁の土地ではない。遣唐使の時代、空海が上陸した土地だからである。

そして金蚕蠱は現在の福建省でも作られているという。

では、この金蚕蠱とは一体どのようなものなのだろうか。

一説には外見はカイコのような虫であり、金色に輝いていると言われている。これが金蚕蠱の名前の由来であるという。

これと似た話として、金蚕蠱は指を丸めたような姿をしていて、まるでカイコが桑の葉を食べるようにして、錦の布を食べるという説明もある。

金蚕蠱が錦の布を好んで食べるという話は、金蚕蠱にまつわる様々な記録に共通した特徴である。この特徴から、金蚕蠱には「食錦《しょくきん》蠱《こ》」という別名がある。

金蚕蠱の「金」については、色ではなく、古い暦の「金日《きんじつ》」を意味するという説もある。この説によると、金蚕蠱は金日になると白い糞を排泄し、この糞が蠱毒になるというのだ。

金蚕蠱の大きな特徴は、金蚕蠱を作る目的にある。

通常、蠱術は他人を殺害するための呪術であると考えられているが、金蚕蠱の目的は大いに世俗的だ。経済的な利益が目的なのである。金蚕蠱は蠱師に「爆富」をもたらすとされているのだ。このため、多くの人が金蚕蠱を作ろうとするのである。

では、金蚕蠱はどのように作られるのだろうか。

これについては、南宋時代のかなり詳しい話が残っている。先ずはその話の要旨を紹介しよう。


蠱には雄と雌がある。雄と雌は定期的に交尾をする。

短い場合は数か月に一回、長い場合には一年に一回である。

交尾の日になると、蠱師は一定の儀礼を行い、盆に水を汲んで待つ。

すると水の中に蠱が現れて交尾を行う。このときに水面に毒液が浮かんでくるのだ。

この毒液を針の目で掬い取り、その日のうちに誰かに飲ませる。

その日のうちに飲ませなければ効果は無くなる。

毒を飲ませる相手が見つからない場合は、家族の中から誰かを選んで飲ませるのだ[23]。

毒を飲んだ直後は何も感じない。

その後、薬も含めて何を口にしてもかまわないが、熱い羹《あつもの》[24]だけは食べてはならない。

しばらくすると耐え難い腹痛に襲われる。この痛みは百佛湯《ひゃくぶつとう》[25]を飲むと一時的におさまる。

臨終の間際になると、目、口、耳、鼻から多数の虫が這い出して来る。

死んだ人を火葬にすると、心臓と肺だけが焼け残る。

焼け残った臓器には、まるで蜂の巣のように無数の穴があいている。

---

[23] 家族の中から誰かを選んで飲ませる：飲まされたのが家族であっても死んでしまうことに変わりはない。

[24] 羹：とろみのついたスープ。

[25] 百佛湯：漢方薬の一種。具体的な製法は明らかではない。

これが南宋時代に記録された金蚕蠱の作り方である。実は、現代中国には、金蚕蠱の作り方についても諸説あるのだが、今でもこれが最も有名な造蠱法なのである。

この説明によれば、金蚕蠱は自然界から採取した虫から作られるのではない。金蚕蠱は盆に汲んだ水の中に突如として現れる虫なのだ。蠱師は一定の儀式を行うことによって、この霊的な虫を出現させるのである。

こうして作り出した金蚕蠱は錦の布を好んで食べる。もっと具体的に「四寸蜀錦《しすんしょっきん》」[26]を食べるという話もある。金蚕蠱の故郷は四川省である。金蚕蠱が蜀錦、すなわち四川省で織られた錦を好むのは、そのせいだろう。

錦は今も昔も非常に高価な布である。特に昔は一般庶民が簡単に入手できるようなものではなかった。しかしそれでも金蚕蠱を育てることはできたようだ。錦の布が手に入らない場合は、五色の糸で代用することができるからだ。

この金蚕蠱を使って、蠱師は富み栄えるのである。

◇爆富の源泉

金蚕蠱を作ると、なぜ富み栄えるのか。その点については諸説ある。

ひとつは単純に、金蚕蠱の毒で他人を殺害して財産を奪うというものである。

確かに、一般的な金蚕蠱のイメージは、恐ろしい毒薬である。金蚕蠱に中ると、腹部

[26] 四寸蜀錦：四寸四方の四川省で織られた錦の布。

や胸部に耐えがたい痛みが生じ、腫れ、膨らんで、最後には目、耳、口、鼻から血を流して死亡する。だから金蚕蠱は「毒人必死《どくじんひっし》」であるとか「鬼薬《きやく》」などと表現されるのだ。

しかし、殺人が目的なら手間のかかる金蚕蠱を作る必要はない。同じことは別の蠱を使っても可能であるし、通常の毒薬でも殺人はできるからだ。

金蚕蠱には金蚕蠱にしかない特殊な能力があるとされている。

ある説によると、金蚕蠱のいる家では家畜の育ちがよいという。しかしこれだけでは「爆富」という言葉のイメージにそぐわない。よほど大規模な放牧でもしていないかぎり、いくら家畜の育ちがよくても、富み栄えるというレベルには達しないだろう。

別の説によると、金蚕蠱によって殺害された人の魂は、蠱師の命令に従うようになるという。つまり裕福な人を金蚕蠱で殺害し、その魂を使役して財産を移転させるというのだ。金蚕蠱の話を聞くと、多くの場合、この説を信じている人が多いようだ。

他にもある。

金蚕蠱は仕事を学び、蠱師の意のままに働くというのである。例えば、苗の植え付けを一回見せるだけで、金蚕蠱は苗の植え方をおぼえ、その後は蠱師が何もしなくても、金蚕蠱が畑一面に苗を植えてくれるというのだ。つまり金蚕蠱を作ることは、無料で働く労働力を手に入れることを意味する。このことによって富を蓄積するというわけである。

この説は先ほど紹介した金蚕蠱の作り方とは整合性がない。金蚕蠱は小さな虫であるから、人に代わって労働できるはずがないからだ。

しかし金蚕蠱の正体については諸説あり、金蚕蠱は姿かたちのない霊的な存在であるとか、金蚕蠱の姿は千変万化し、時には人の姿に変化するという説もある。したがって、金蚕蠱が主人に代わって仕事をするという説も成立しうるのだ。

◇嫁金蚕

金蚕蠱は、蠱虫《こちゅう》の中でもとりわけ扱いが難しいとされている。

例えば、金蚕蠱は非常に清潔を好むため、金蚕蠱がいる家はいつも整理整頓をしなければならない。

また、蠱師は一年に一度、金蚕蠱に対して、その年の収支を報告しなければならない。いかにも世俗的な蠱にふさわしい掟だ。

収支報告の時には、必ず赤字だったことにしなければならない。もしも黒字をそのまま報告すると、蠱師に災厄が降りかかるとされている[27]。

赤字を演出するために、わざと碗をひとつ割り、碗が二十個割れたとして損を計上する習慣もあるらしい。もちろん発覚すれば死の制裁が待っている。

また、金蚕蠱を飼う蠱師は「孤、貧、夭」のどれかひとつを選ばなければならないそ

---

[27] 蠱師に災厄が降りかかる：ある説によれば、家族が次々に死亡するという。また別の説によると、黒字になった資金で生贄用の人間を買い取るように要求されるという。

うだ。

もちろん、経済的な繁栄のために金蚕蠱を作るのだから「貧」以外を選ぶことになる。そうだとすれば、孤独か夭折を選ぶしかない。これでは富を手にしても幸福とは言えないだろう。

さらに金蚕蠱は他人に見られてはならないと言われている。蠱師以外の者に発見された場合は、蠱師が死ぬことになるというのだ。

以上のように金蚕蠱にはタブーが多い。爆富を夢見て金蚕蠱を作った結果、多くの人がその扱いを誤り、自ら災厄を招く結果になるという。

このような事情があるので、自分自身が作り出した金蚕蠱を処分したいと思う人が絶えないそうだ。

しかし、金蚕蠱を殺すことはできない。金蚕蠱は水に漬けても、火で焼いても、刀で切っても、死なないからだ。

そこで金蚕蠱を処分するために「嫁金蚕《かきんさん》」が行われる。

詳細についての細かな差異を無視すれば、嫁金蚕とは概ね次のようなことをいう。

金蚕蠱を金銀などの貴金属と一緒に箱に入れ、公道上に放置しておく。そうすると誰かがその箱を発見し、貴金属を持ち帰る。そうすると、金蚕蠱の主人は蠱師から貴金属の取得者に変わるのである。

金蚕蠱を嫁に出す。このことによって、もとの蠱師は金蚕蠱を管理する煩わしさから逃れることができるのだ。

嫁金蚕は金蚕蠱を作る習慣がある土地では有名な手法なので、こうした土地では貴重品らしきものが落ちていても拾わない人が多い。その結果、遠方からの旅人などが金蚕蠱を持ち帰ることになる。こうして金蚕蠱の禍は何も事情を知らない人に降りかかるのだ。

◇天敵「刺猬」

金蚕蠱の被害に遭うと、苦しんで死ぬだけではなく、財産も奪われる。これは中国の庶民が一番恐れることである。

そこで金蚕蠱を避けるために、あまりにも整理整頓された家は警戒されるという。また、箸で碗を叩くのは金蚕蠱に対しての蠱師の合図だという考え方があり、このような音がした場合には、そこで食事をしない習慣があるともいう。

外出して食事をする場合には、最初のひと口を吐き出すことによって、金蚕蠱の被害を免れるという説もある。金蚕蠱は清潔を好むので、一度口に入れたものを吐き出すと、金蚕蠱が退散するからである。

金蚕蠱に中ってしまった場合には、ザクロ[28]の木の根を掘り出し、その皮で濃い煎じ

[28]ザクロ：伝説によるとザクロは金翅鳥（こんじちょう）の命を救った薬効のある植物である。瀕死の霊鳥を救う薬力があれば、解蠱も可能であるということであろう。

薬を作って飲むと病は癒えるとされている。金蚕蠱はザクロを嫌うようだ。煎じ薬を飲んだ患者は金蚕蠱を吐き出すという。

自宅にいるときも金蚕蠱を警戒しなければならない。金蚕蠱は他人の家に侵入することもあるからだ。家に侵入した金蚕蠱は鍋の中に潜むという。このため、福建省の田舎には、夜寝る前に鍋の中に水を入れ、金蚕蠱が侵入しないように予防する習慣がある。興味深いことに、金蚕蠱には天敵がいる。金蚕蠱は「刺猬《しい》」を恐れるのだ。刺猬とはハリネズミのことである。日本ではハリネズミは珍しい動物だが、中国にはもともと生息している身近な存在である。

刺猬は金蚕蠱を発見すると、猟犬が獲物をくわえるようにして金蚕蠱を捕獲すると言われている。これは動物としての本能によるものではなく、刺猬に具わる霊力によるものだ。古い医学書には、蠱毒の治療には刺猬の皮を焼いた灰が効果があると記されている。つまり肉体は灰になっても霊力は消え去らないのだ。

◆湘西三邪

湖南省[29]の西部には昔から怪異談が多い。

湖南の怪異を語るとき、中国人は湖南省という言葉よりも「湘西《しょうせい》」という言葉を使う。湘西は湖南省西部を指す言葉だが「湖南省西部」と言うのに比べると、全く別の独特な雰囲気を漂わせる呼称なのである。

湘西という呼び名には、それだけで怪異の予感が付きまとう。なぜなら、湘西と聞くと、多くの中国人は「湘西三邪《しょうせいさんじゃ》」を想起するからだ。

湘西三邪は、湘西で発生するとされている三種類の怪奇現象である。

ひとつは、湘西趕屍《しょうせいかんし》、もうひとつは落花洞女《らっかどうじょ》、そして、もうひとつが蠱である。

趕屍とは、死者を遠方まで歩行させる呪術である。この呪術を用いる呪術師を湘西では趕屍匠《かんししょう》と呼ぶ。

死者が歩くはずはないという常識は、湘西では通用しない。死者が遠方から故郷に帰る姿は何度も目撃されているのだ。このこと自体は中国共産党も認めている。

しかし多くの中国人は、それを呪術であると信じることができない。そこで趕屍匠と

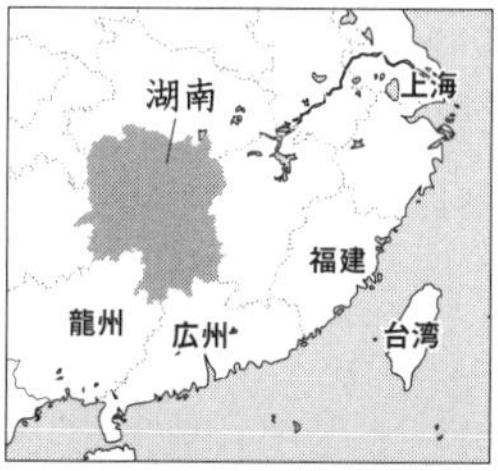

[29] 湖南省

呼ばれる呪術師が、何らかのトリックを使って、死者を歩かせていると解釈しているのだ。つまり死者が歩いているのではなく、歩いているように見せる何らかの技術があるというのだ[30]。

しかしそうした説明には、趕屍を単なるトリックだと決めつける結論ありきの強引さが見て取れる。湘西趕屍がトリックにすぎないのか、それとも死者を歩かせる呪術が実際に存在するのか、真実は現在でも謎のままである。

落花洞女とは、未婚の女性が突然恍惚とした状態になり、男性に興味を失い、飲食を断つ奇妙な現象である。

湘西では、落花洞女は、あまりにも美しい女性が神に娶られたために起きる現象であると考えられている。神に見初められた証拠として、そうした女性の体からは清らかな香りが漂うというのだ。

落花洞女の結末は喜ばしいものではない。落花洞女は飲食を断ってしまうので、時間の経過とともに衰弱し、最後には死亡してしまうのだ。しかし、死の瞬間に、女性は笑顔を浮かべるという。

迷信打破を党是とする中国共産党は、落花洞女を精神疾患の一種であると宣伝しているが、湘西では、いまだに神の意志が引き起こす怪奇現象のひとつであると考えられている。

[30] 歩いているように見せる何らかの技術：死体の脇の下に棒を通して担いだ説、死体を背負って運んだ説などがある。

これらの怪奇現象と並び称されるのが湘西の蠱術である。

清代に記された地方誌には次のように蠱師の記録が残されている。


本物の蠱婆の目は、朱砂《しゅさ》のように赤く、腹と背中には紅、緑、青、黄の縞模様がある。

本物の蠱婆の家には蜘蛛の巣も蟻の巣もない。

蠱婆の家では部屋の中央に水の入った皿が置いてあり、蠱婆はそこに虫を吐き出して水を飲ませる。

蠱婆は竹籠を空中に投げ上げて鳥のように舞わせる術を使う。

蠱婆の腹を裂くと必ず虫嚢《ちゅうのう》がある。


虫嚢とは虫が詰まった袋状の器官である。もちろん普通の人間の体内には、このような器官はない。

文中に「本物の」と書かれているのは、当時、偽物の自称蠱師が人々を脅迫する事例があったからだ。そこで本物と偽物の区別をつけるために、本物の特徴を示しているのだ。

やはり清代に書かれた別の資料には次のように記されている。

蠱術により人を殺す術を放草鬼《ほうそうき》という。
恨みをもつ相手の体表に蠱を放つと、蛇蠱が五体を食い荒し、他内に蠱を放つと、蛇蠱は五臓を食い尽くす。
蠱を放たれた者は、苦しみの後に死す。

現在でも湘西は蠱術が盛んな土地であり、湘西には「蠱師のいない村はない」と言われている。また、山深い村落に限らず、繁華な都市部でさえ、蠱の存在は深く信じられているようだ。

湘西の蠱師は大部分が女性であると言われているが、男性の蠱師も少なくないという。一説には、それは民族の違いによるといわれている。苗族《ミャオぞく》[31]の場合は女性の蠱師が多く、土家族《トウチャヤぞく》[32]の場合は男性の蠱師が多いそうだ。

ただし私自身の見聞によれば、やはり女性の蠱師が圧倒的に多いという印象を持っている。

湘西の蠱師については、例えば次のような話がある。

蠱師は山の中で蜈蚣や蠍を捕らえて持ち帰り、呪文を唱えながら自分の血を与えて育てる。

[31] 苗族：苗族は中国の少数民族のなかで人口が四番目に多い。貴州省、湖南省、湖北省をはじめ、中国の南部に広く分布している。

[32] 土家族：土家族は中国の少数民族のなかで人口が七番目に多い。湘西の代表的な少数民族のひとつである。

蠱虫がまるまると太ったところで、虫を煎って粉にする。それが蠱毒である。蠱師はその蠱毒を爪の先に潜ませて、他人の飲み物の中に弾き飛ばす。この飲み物を飲むと中蠱するのだ。

薬指または小指で弾かれた蠱毒を飲んでしまうと命は助からない。

蠱を放った蠱師だけが解蠱できる。別の蠱師に依頼しても、解蠱はできない。

湘西を訪れた旅人がしばしば蠱師にふるまわれた茶で中蠱し、奇病に罹るが、医者には治せない。

この話によると、蠱病《こびょう》を治せるのは蠱を放った蠱師だけだとされているが、別の話もある。

鳳凰県《ほうおうけん》[33]の村で若い男性が急に腹痛を訴えた。

男性の母親は生の大豆を与えて食べさせ、青年の様子をみつめた。

生の大豆は通常は生臭くて食べられない。

しかし青年はおいしそうに大豆を飲み込んだ。これは中蠱の兆候である。

蠱師は藁の束を地面に埋める。そこを踏むと中蠱する。特に体力が弱い人は中蠱しやすい。

[33] 鳳凰県

母親は青年が藁を踏んで中蠱したと判断した。

母親は包丁と俎板《まないた》を屋外に持ち出し、包丁で俎板を叩き始めた。

蠱師はこの音を恐れるので、こうすることにより解蠱できることがあると考えられているからだ。

しかし青年の病状は悪化した。

そこで母親は仙娘《せんじょう》[34]を呼んで治療を依頼した。

仙娘は生卵を青年の枕元に置いた。その卵を割って卵黄の様子を見ると、蠱の種類が判別できる。

仙娘は青年が蜈蚣蠱に中ったと判定した。

仙娘は呪符を燃やして灰を作り、椀の水に溶かした。この儀式を「化水《かすい》」というそうだ。

しかし化水も効果が無く、青年の病状はさらに悪化した。

そこで二人目の解蠱師が呼ばれた。その人物は先祖伝来の解蠱薬を処方して青年に飲ませた。

その後、青年の状態は安定し、二日後には健康を回復した。

鳳凰県は湘西の一部であり、貴州省との省境に位置する山が多い土地である。最近では観光地としても有名になっているが、それは鳳凰県のなかの一部の話であり、大部分

[34] 仙娘：女性の呪術師である。蠱師を仙娘と呼ぶこともあるそうだが、この話の中に出てくる仙娘は蠱師とは別の呪術師である。

は山深い土地である。

この話からわかるのは、湘西には蠱師がいるだけではなく、解蠱の専門家が複数存在するということだ。

湘西に限らず他の土地でも、解蠱できるのは蠱を放った蠱師だけだとする話が語られている。しかしその一方で、優れた呪力をもつ呪術師は、何者かが放った蠱の呪いを覆滅することができると言われている。蠱術も呪術の一種であるから、蠱師の呪力を凌駕する呪術師なら、蠱の呪力を制圧できるということだろう。

蠱師が他人を害する理由は、やはり定期的に誰かを害さなければ、蠱師自身が害されるからだと言われている。

だから湘西でも蠱師は突然人を病気に陥れる不気味な存在として恐れられている。湘西でも地元の人から提供された飲食物をみだりに口にしてはならないと言われているのだ。

しかしその一方で、次のような興味深い話も伝わっている。

蠱術は邪悪なものばかりではない。蠱術の中には善蠱《ぜんこ》とでもいうべき術がある。善蠱においては水が蠱の役割を果たす。

例えば喉に魚の骨が刺さったとき、蠱師が椀に水を汲んで、その上で手刀を切り[35]、呪

[35]手刀を切り：中国では手刀は特殊な動作だと思われる。日常生活の中ではみかけない。

文を唱えると、魚の骨は溶けてしまうという。

また、腹が痛いときも同じように椀に水を汲んで手刀を切り、呪文を唱えると、腹痛は治ってしまう。

さらに飼っている牛がいなくなったときも椀に水を汲んで手刀を切り、呪文を唱えると、どちらの方向に牛がいるかがわかるのだ。

さらに水田に向かって豆を投げ、その豆を魚に変えてしまう蠱師もいるという。

蠱術には邪悪なイメージが付きまとうが、必ずしも誰かを害するためだけに用いられるとは限らないというのだ。

さらに湘西では、蠱師が別の蠱師と力量を競うことがあると言われている。蠱師同士が力量を競うことを「闘蠱《とうこ》」という。

闘蠱には暗闘《あんとう》と明闘《めいとう》がある。暗闘は、例えば次のような争いだ。

あるとき、瓦を焼いている蠱師に対して、別の蠱師が呪術を使い、瓦が焼けないようにしてしまった。

どんなに焼いても泥のままなので、瓦職人は蠱術を使われたことに気がついた。

この場合、誰が蠱術を使ったか、瓦職人にはわかるのだ。

瓦職人は、蠱術を仕掛けた相手に対して、今度は自分から蠱術を使って対抗した。相手の蠱師の生殖器が勃起したまま元に戻らないようにしたのだ。相手はまるで生殖器が燃えるような痛みを我慢するしかない。瓦を焼かせないなら、お前の生殖器を焼いてやるということなのだ。

また、別の例として次のような暗闘がある。

ある蠱師が豚を解体しようとしていたところ、別の蠱師が蠱術を使って豚を生き返らせたため、豚は起き上がって逃げ出した。豚を解体しようとしていた蠱師は、すぐに自分自身も蠱術を使い、豚を走らせた蠱師の周囲に大量の蛇を出現させた。

このように、蠱師が蠱師に対して、予告なしに蠱術を仕掛けるのが暗闘である。これに対して明闘というのは、蠱師同士が互いに了解したうえで、蠱術の力量を競うことをいう。

明闘は、例えば次のように行われる。

二人の蠱師が互いに自分の草履を空に向かって投げる。

草履は鳥のように飛びながら戦い、蠱師の力量が勝る方の草履が勝つ。

湘西には、このような悪ふざけのような蠱術の応酬があると言われている。

湘西の蠱師は、喉に刺さった魚の骨を溶かすと言われる一方で、人を殺すこともある。蠱師同士で呪術の力量を競うために取るに足りない術を使うこともある。

蠱術の具体例があまりにも多岐にわたるので、部外者にとっては、蠱師と呪術師の区別がつかなくなる。湘西では不思議な呪力をもつ者は全て蠱師と呼ばれているのではないかと勘ぐりたくなる。

しかし湘西では蠱師、仙娘、風水先生など、呪術師あるいはシャーマンに一定の区別があり、それぞれに社会的な役割があると信じられているのだ。

何が蠱師を蠱師たらしめているのか。

やはりそれは伝承であり、秘儀であろう。蠱師には蠱師の家系があり、蠱術の伝承がある。蠱師であると考えられている者から蠱術を受け継いだ者が蠱師なのであり、どのような呪術を用いるかは、決定的な要素ではないのだろう。

◆情蠱

湘西の農村には「粘粘薬《ニャーニャーヤオ》」と呼ばれる蠱薬があると言われている。「粘」は現地の言葉で男女の仲が睦まじい様子を表す言葉だそうだ。

湘西の蠱師は、粘粘薬を男性に飲ませることにより、男性の心を操ると言われている。粘粘薬を飲んだ男性は、粘粘薬を飲ませた女性に心を奪われ、生涯愛し続けるというのである。

粘粘薬にはいくつもの種類があるらしい。

粘粘薬の詳細は不明であるが、例えば「五里路《ごりろ》」と呼ばれる粘粘薬があるという。五里路を飲んだ男性は、五里路を飲ませた女性から五里以上離れることができなくなると言われている。五里以上離れそうになると、女性の面影が心に浮かんで、どうしても会いたくなるからだ。

このように異性の心を操り、自分自身に愛情を向けさせる蠱術を「情蠱」という。

粘粘薬は情蠱の一例であるが、粘粘薬だけが情蠱の全てではない。情蠱は湘西に限らず、蠱術が残存している地域に共通して存在する呪術である。蠱術に様々な方式があるように、情蠱にも様々な方法があるようだが、その全貌は明らかではない。

情蠱を用いる場面は大きく分けてふたつある。

ひとつは自分自身の結婚相手を確保する場合である。

蠱師は村落共同体の中で敬遠される存在であり、通常は結婚することができない。しかし結婚している蠱師は少なくない。それは情蠱を使うからだと考えられている。

結婚相手を確保するための情蠱は、同じ村落共同体のメンバーに対して使われるケースよりも、旅人や出張者などの部外者に対して使われることが多いようだ。

例えば広西の話として次のような逸話が伝わっている。


融水地区のある村に非常に美しい女性がいた。

この女性が川に洗濯に来ると、村人たちは目を合わさないように去ってゆき、村の子供たちはその女性の家に近づかないように注意されている。

なぜならその女性は蠱師だからである。

村人たちは蠱師を恐れ、敬遠しているが、仕返しを恐れて村から追い出すことまではしない。

蠱師は孤立した存在であり、人付き合いはほとんどない。

ところがある日、突然三人の青年が蠱師と一緒に生活を始めた。

三人の青年は村の外から来た旅行者であったが、蠱師と生活を始めると、蠱師の仕事を助け、村に住み着いてしまった。

村人たちは「あの若者たちは情蠱によって操られている」と噂し合った。しばらくすると、蠱師は、三人のうちの一人と結婚した。奇妙なことに、残りの二人は忽然と姿を消したそうだ。

蠱師は「二人は帰った」と言ったが、村を去って行く姿を見た者は一人もいないという。五か月後に蠱師は産婆を呼んだ。

妊娠五か月の早産である。これほどの早産となると、医療設備のない農村では、新生児の生存は望めない。

産婆の話によると、子供は生まれた直後に奇声を発しただけで、その後は何の反応も示さなくなったという。

子供の頭には瘤があり、その瘤の中で何かが蠢いていたそうだ。

こういう場合に、産婆は子供の死体と胎盤をしかるべく処分するのだが、蠱師は自分の手元に置いて離そうとはしなかった。

死体と胎盤を蠱術の儀式に使うからだと噂されている。

情蠱によって結婚相手を確保する目的は、蠱術の後継者としての子供を作るためだと考えるのが常識的な発想であろう。しかしこの話は死産した子供を用いる何らかの儀式の存在を示唆している[36]。

ただし情蠱をこのような目的で用いる話は例外的である。

多くの場合、情蠱は自分に見向きもしない異性の心をつかむために使われると言われており、一般の中国人もこの効果に注目している。

現在では、情蠱は中国のウェブサイトでも販売されている恋愛成就のためのアイテムでもあるのだ。中国には恋愛成就のためなら不気味な呪物を購入する人がいるのである。ただし、ウェブサイトで販売されている情蠱は、本来の蠱術とは無縁であり、呪術的な効果は期待できないそうだ。

情蠱を用いるもうひとつの場面は、すでに結婚している夫婦の関係に亀裂が入った場合である。

例えば湘西には次のような話がある。

ある夫婦が離婚したのち、夫がすぐに再婚した。
そのことを知った元妻は、夫を取り戻したいと思うようになった。
そこで元夫に密かに蠱薬を飲ませた。
情蠱に操られた元夫は、妻と別れて元妻のところに戻って来た。

[36] 死産した子供を用いる何らかの儀式:かつて中国には、人間の生首を用いる呪術、死体を利用する鬼祭があった。蠱は非常に古い呪術である。古代中国の生臭い祭礼のなごりが、現代の蠱術の秘儀に残存しているのかもしれない。

また次のような話もある。

ある村の幹部が、結婚した後になって初めて、自分の妻が蠱師だと知った。それ以来、男は妻とその母親に外出を禁じ、妻が作る食事を食べなくなった。

そこまでするなら離婚しそうなものだが、その妻と別れるつもりはないという。

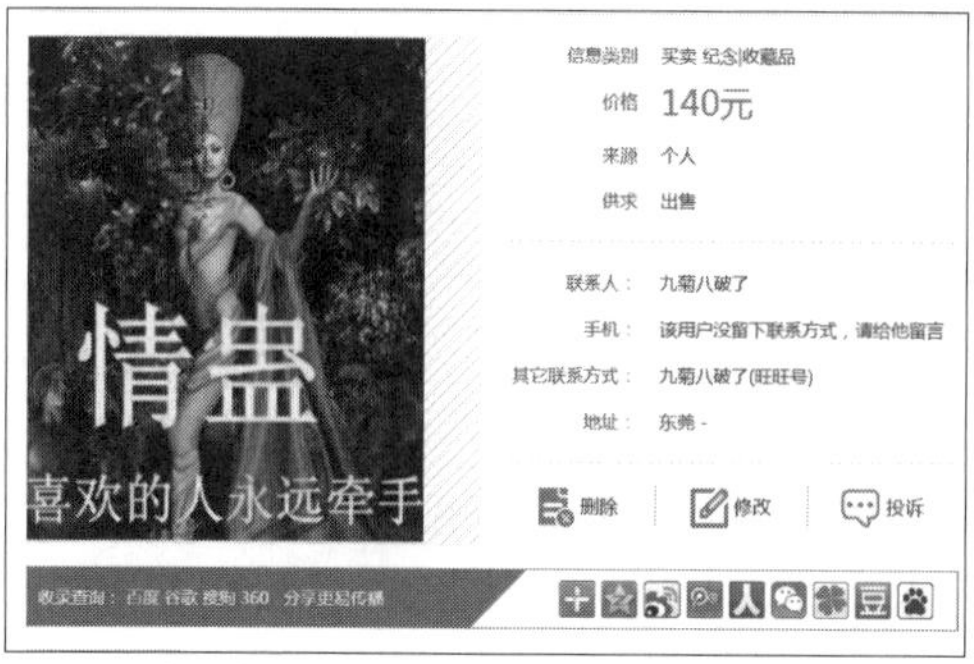

中国の販売仲介サイト「找啊找（GO007.com）」で販売されている情蠱（画像出典：http://www.go007.com/dongguan/wenwushoucang/1f30061378a15f5e.htm　（2017／6／12））

この話は、暗に夫の心情はすでに妻の情蠱によって操られていることを伝えているのだ。

このように蠱師は情蠱によって人の心を操ることができる。

他人の心を操る蠱術には、情蠱の他にも怕蠱《はくこ》という術がある。これは他人が自分を恐れるように仕向ける呪術である。家庭内で妻が夫に対して用いると言われている。

情蠱は多くの場合「女性の武器である」と言

われるが、実際には情蠱を用いる蠱師は女性とは限らない。男性が女性に対して情蠱を用いることもあるというのだ。

例えばインターネット上の相談用サイトには次のような質問がある。

私の友人(女性)が湘西に旅行に行き、旅行先で現地の男性に恋をしたと言っています。もう一度現地に行って、その人に会いたいと言っています。彼女には彼氏がいて、二人の仲はすごくいいのに心配です。湘西には情蠱があると聞きました。彼女はきっと情蠱に中ったに違いありません。どうすれば情蠱から逃れられますか?

中国のウェブサイト上には、この手の質問は少なくない。その多くは思い込みかもしれないが、そのこととは別に、中国には男性も情蠱を使うという「常識」があることが窺える。

蠱術が盛んな地域では、男女ともに情蠱を使うので、恋愛には情蠱がつきものだと考えられている村もあるそうだ。

では、情蠱は具体的にはどのように行われるのだろうか。

これについても、情蠱を語る人によって、説明の仕方は千差万別である。

ある人は蠱薬を作って相手に飲ませるのが情蠱だという。その薬の作り方や材料まで詳細に述べる人もいる[37]。そうした情報を見ると、情蠱に用いられる蠱薬は、まるで漢方薬のように数種類の薬草を煎じて作るそうだ。興味深いことに、男用と女用では成分が違う。

しかし全く別の説明もある。

情蠱は、もともとは目に見えないくらい小さな虫だというのだ。

その虫はカイコに似た芋虫に寄生する。情蠱を作るには、芋虫に寄生した情蠱のもとになる虫を自分自身の血液で育てる必要がある。ただし大量の血液は必要ない。

血を与えるのは七日に一回。一回の血の量は二滴で十分。四十九日で使えるようになるそうだ。

ただし、四十九日だけ育てた情蠱は、相手に食べさせなければ効果がない。

百二十日育てた情蠱は、それをすり潰して相手の肌に付けるだけで効果があるそうだ。

この作り方を紹介した人物は、情蠱の原理をも解説している。

その説明によると、情蠱は自分の血を相手の血と混ぜ合わせる呪術なのだ。血が混じり合うことにより、家族や親戚よりも強い紐帯《ちゅうたい》が生まれる。そのことによって、二人は永遠に離れられなくなるのだそうだ。

[37] その薬の作り方や材料まで詳細に述べる人もいる：天麻（てんま）、紅景天（こうけいてん）、絞股藍（こうこらん）、刺五加（しごか）、麝香（じゃこう）、檀香（だんこう）、薄荷（はっか）、罌粟（おうぞく）を煎じたものを基本形とする。この基本形にさらに複数の薬を加えて男性用の情蠱、女性用の情蠱が完成する。

情蠱の作り方には次のような方法もあると言われている。

雛が三羽以上いる燕の巣を探して捕獲し、雛を一斉に水に沈めて殺す。
このとき雛が抱き合って死んだ場合は、それが情蠱になる。

これは鶏鬼の盛んな地として紹介した龍州一帯で作られる情蠱だそうだ。さらに雲南省には「恋薬《れんやく》」と呼ばれる次のような蠱があるという。

死んだ鳥を見つけたときは、その下の土を掘って保存する。
この土を飲んだ人は、飲ませた人の意思に逆らえない。

これも一種の情蠱である。心理学者の中には、鳥と大地が「接触」した地点の土が、男女の接触を連想させるので、このような恋薬が使われるという人もいる。しかし、この恋薬は実際に効果を発揮するというから、心理学者の説明は不十分なものであると言わざるを得ない。

情蠱の影響を受けている人は、自分が蠱術の被害者であるとは考えない。しかし、どういうわけか、中国のウェブサイトを見ると、情蠱の影響を解くにはどうすればよいかという相談が少なくない。

これは想像であるが、第三者が「あの人は情蠱にコントロールされているに違いない」と考えて相談しているのだろう。

一般的に蠱の影響は、蠱を放った人だけが消滅させることができると言われている。その一方で、一定の方法で蠱の影響から脱する「解蠱法」があるという情報も少なくない。

しかし情蠱に限っては、情蠱を仕掛けた蠱師以外に、その影響を解くことができる者はいないそうだ。

◆小結――蠱師は少数民族の女性と考えられている

ここまで紹介してきたように、現代中国における蠱にまつわる話は千差万別であり、互いに矛盾するような話も少なくない。その一方で多くの話に共通する特質が無いわけではない。

そのひとつは、蠱師は女性であるという点だ。そして蠱術は女性から女性へと伝えられるとされている。

もちろん男性の蠱師の話も語られているし、男性が蠱術を学んだという話も無いわけではない。しかし圧倒的に多いのは、蠱術は女性の呪術だという話なのだ。

もうひとつの特徴は、蠱術は少数民族の呪術だという考え方である。

特に苗族が蠱術を伝えているとする説は非常に多く、蠱術を行う苗族を「黒苗《こくびょう》」と呼ぶ場合もあるくらいだ。

貴州省で、蠱師を騙って偽物の解蠱薬を売り、摘発された男の話を紹介したが、その男は漢民族であるにもかかわらず、苗族だと偽って薬を売っていた。蠱を扱う以上、少数民族でなければ信憑性がないというのが現代中国の通念なのである。

蠱師は少数民族の女性であるという考え方は、古い記録にはない観念である。

確かに隋の時代に猫鬼を操ったのは、男性である独孤陀《どっこだ》自身ではなく、徐阿尼《じょあに》という女性であった。

漢代の巫蠱事件も後宮が舞台であったことから、関与した呪術師は女性であった可能性が高い。

しかしこの頃の中国では、蠱術を扱うのは女性だという観念は生まれていなかったと考えられる。

恐らく当時は、蠱術は家伝のようなものと考えられていたのではないだろうか。だから蠱師個人というよりも、蠱術を使う家系があると認識されていたと考えられる。

例えば、宋の時代に「畜蠱する三百二十六家が強制的に僻地に移住させられた」とする記録が残っている[38]。

つまり蠱は家族単位で扱うものだったのだろう。生き物を飼って蠱を作り出すのが蠱術のひとつの形であることから、蠱師は個人ではなく、集団だと考えたほうが合理的である。家の中で虫を飼っていれば、家族が気付かないはずがないからだ。

ところで「畜蠱する三百二十六家が強制的に僻地に移住させられた」年については、正確な年号が記録されている。

それは北宋時代の初期、九六四年である。この年の前年に、太祖[39]は今の湖南省に相

[38] 記録が残っている：南宋時代の『続資治通鑑長編』、清代の『続資治通鑑』に記録がある。

[39] 太祖：北宋の太祖・趙匡胤（ちょうきょういん）（927年－976年）は武人の家系に生まれた。出生地は洛陽であるが、ある僧侶の勧めで開封の軍団、つまり後周の軍隊に入り、頭角を現した。後に後周の恭帝から禅譲（ぜんじょう）を受けて皇帝となり宋を建国する。自分自身は軍人であったが、軍人の力を抑制することが国の安定につながると見抜き、文治政治を確立した。中国に今も続く官僚支配の伝統が定着したのは宋建国以後だと言われている。

当する地域に君臨していた楚を征服している。

蠱師の家族が強制移住させられたというのは、このときに征服された土地での話なのである。

つまり、宋の時代には、蠱を扱う大部分の家族は、国家によって辺境に排除されていたとみるべきである。だからこそ新たな支配地域でも、蠱を扱う家は強制移住させられたのだ。

宋の時代にも蠱術による被害は朝廷から問題視されていたが、宋の支配地域ではかなり弾圧され、宋王朝の支配が届かない地域との差が大きくなっていたことが推測される。

清の時代になると「南人《なんじん》」[40]が蠱を作るとか、「苗婦《びょうふ》」[41]が蠱術で人を殺すとか、「蠱婦《こふ》」、「蠱婆」という言葉が記録されるようになる。

清の時代には、蠱の本場は南方の諸地域であり、蠱師は女性だという観念が確立していたのだ。そして南方は少数民族の土地であったから、蠱術はいつの間にか少数民族の呪術だと考えられるに至ったのであろう。

それにしてもなぜ「蠱師は女性だ」という観念が生まれたのだろうか。

実際に女性の蠱師が多いからかもしれない。

しかし次のような説もある。

呪術には、人を害する呪術と、運気を高めたり、幸福を祈願するための呪術が存在

[40] 南人：南に住んでいる人のこと。

[41] 苗婦：苗族の婦人のこと。

する。

中国古来の陰陽理論によれば、人を害する呪術は陰の呪術、幸福を祈願する呪術は陽の呪術と呼ぶことができる。陰は運気の下降、陽は運気の上昇に対応するからだ。

言うまでもなく、蠱術は陰の呪術に分類される。

また、陰陽理論によれば、女は陰であり、男は陽である。

だから陰の呪術は女が司り、陽の呪術は男が司るのだ。この陰陽理論的世界観が儒教的男尊女卑の思想と結びつき、邪悪な呪術である蠱術は女の仕業である、という観念を生んだというのだ。

私が住んでいた上海では、夫が買い物をして帰り、夕食を作ると言われている。女性は大切にされ、大抵の我儘は押し通せる。しかしこれは、中国の一部にだけ見られる特殊な現象なのだ。

中国の農村では、いまだに胎児が女だと分かると堕胎し、男子が生まれるまで子供を作り続ける習慣がある。

蠱師は女であるという観念を前提とした「蠱婆」という言葉の背景には、いまだに中国人の心を支配する根強い男尊女卑の観念があることは、否定できないだろう。

第三章 造蠱の方法

◆造蠱の類型

蠱《こ》を作ることを造蠱《ぞうこ》、養蠱《ようこ》、畜蠱《ちくこ》などという。蠱術《こじゅつ》を禁圧する法律の中では「造畜蠱毒《ぞうちくこどく》」という言葉が使われて来た。

蠱術に関する話の中で、造蠱法ほど興味深いものはない。虫を集めて容器に入れる。狭く暗い容器の中で蠢く虫たちが、互いに殺し合い、食い合う。毒針で刺し殺し、凶暴な顎で噛みちぎる。この残酷で禍々しいイメージ。

本来、造蠱は蠱師だけが知る秘儀である。しかし人間心理に潜む「怖いもの見たさ」が、造蠱の秘密を暴き、記録してきた。

この現象は現代の中国にも見出すことができる。過去の記録にはなかった新たな情報が中国の一般社会に流出しているのだ。

私はそうした情報を十年以上、読み続けて来た。そうした話を知れば知るほど、造蠱には決まった型が見出せなくなる。

造蠱には多くの場合、何らかの生き物が関与する。しかしその生き物の種類や数は一定しない。だが完全にランダムかと問われれば、そうでもないのだ。

造蠱の時期など、蠱師の自由なのかと思うと、生き物を捕らえる時期は端午節《たんごせつ》でなければならないとする説が大勢を占めていることに驚くことになる。造蠱法についての情報は、細部においては統一感がないにもかかわらず、全体としては似ている話が多い。

この章では造蠱の方法について、古い記録から現代の口承まで、時系列的に概観する。それぞれの造蠱法を比較して、似ていると感じるのはどの部分か、どのような要素が普遍性をもつのか。そういう点に注意しながら読んでいただきたい。

ひとつひとつの話は、パズルのピースに過ぎない。しかし、いくつかのピースをつなぎ合わせることにより、蠱術の全貌とまでは言わないが、全体像の輪郭程度は見えてくるはずである。

◆過去の造蠱法

蠱の作り方そのものではないが、蠱の作り方を示唆する最も古い記録は、甲骨文字の「蠱」という文字そのものだとする見解がある。

皿の上に虫が載っているこの文字の構造こそが、造蠱の方法を表しているというのだ。確かにそう言われてみれば、その通りなのかもしれない。しかし一文字だけではあまりにも情報量が少ない。この文字が造蠱の方法から考案された文字だとしても、そのことを推測できるのは我々が造蠱の方法を知っているからだ。

やはり造蠱についての画期的な記録は、すでに紹介した『隋書・地理誌』であると言わざるを得ない。

造蠱に関する部分だけをもう一度確認してみよう。

五月五日に大きなものは蛇から、小さなものは蝨《しらみ》に至るまで、百種の虫を集めて器の中に入れ、互いに捕食させ、生き残ったものを保存する。

蛇が生き残れば蛇蠱《だこ》であり、蝨が生き残れば蝨蠱《しつこ》であり、これで人を殺す。

旧暦の五月五日、すなわち端午節は、何かしらめでたい日であると考えられがちである。日本では端午の節句は「こどもの日」であり、子供の成長を寿《ことほ》ぐ日だから、それも当然の発想であろう。

しかし中国では旧暦の五月は「五毒出没の時」とされており、端午節は「毒日《どくじつ》」、「悪《あく》日《じつ》」などとも呼ばれているのだ。

五毒とは、蠍《さそり》、蛇、守宮《やもり》、蜈蚣《むかで》、蟾蜍《せんじょ》[1]。不気味な小動物を指す言葉である。端午節は、これらの小動物に代表される害虫、害獣の活動が活発になり始める時期であると考えられてきた。だから端午節は、毒日、あるいは悪日とまで言われるのだ。これほど縁起の悪い名称もないだろう。

端午節の頃に艾《もぐさ》を摘むのは、艾の揮発成分によって害虫を避けるためであり、さらに中国では、雄黄《ゆうおう》という雲南省の吸血蠱のところでも触れた一種の漢方薬で邪気を避ける習慣もある[2]。

造蠱の時期として五月五日と明示されているのは、生命力が漲り、活発になり始めた毒虫を捕えて蠱を作るという意味なのだ。

『隋書』は唐代に記された歴史書である。つまり『隋書』に記された造蠱の記事は、唐の時代に昔を振り返って記されたものである。

---

[1] 蟾蜍：蟾蜍は、俗称でガマガエル、イボガエルなどと呼ばれるカエルである。

[2] 邪気を避ける習慣もある：端午の節句にヨモギを軒に吊るすのは、中国の習慣だが、日本にも同じ習慣がある。またヨモギもちを食べるのも、もともとは魔除けの意味があった。

では隋の時代に書かれた記録はないのだろうか。

実は、古い医学書の中に記録が残っている。その医学書こそが『諸病源候論《しょびょうげんこうろん》』である。

◇『諸病源候論』

『諸病源候論』は、隋王朝の太医博士《たいいはかせ》[3]であった巣元方《そうげんほう》[4]が編纂した書物である。編者の名から、『巣氏病源《そうしびょうげん》』と呼ばれることもある。

『諸病源候論』は中国医学史上初めて病気の原因と証候《しょうこう》を専門に扱った書物である。「証候」という言葉にはなじみがないはずである。これは中国医学の専門用語だからだ。中国医学独特の観察方法によって把握された「病状」が「証候」だと思えばよい。つまり『諸病源候論』は、どのような原因でどのような症状が現れるかを解説した医学書なのだ。

『諸病源候論』には「蠱毒候《こどくこう》」と題された項目がある。ここには蠱毒の種類と病状が記されているのだが、その記事の中に造蠱の方法が記録されている。

> 多くの虫や蛇の類を集めて器に入れ、互いに食い合いをさせる。
> 一匹だけ残ったものが蠱である。

ここには虫の数や虫を採取する時期についての説明はない。造蠱の目的としては、被

[3]太医博士：太医博士は医学を教授する役目を負った官僚である。南北朝時代の北魏（386年－534年）に設けられた官職であり、隋唐時代に引き継がれた。医学の分科が定着すると、鍼博士、按摩博士のように官職の種類も分科した。

[4]巣元方：隋の煬帝（569年－618年）のころに活躍した医学者。巣元方自身についての記録はほとんど残されていないが、煬帝に謁見を許されたというのだから、かなり名の通った医学者であったことは間違いない。

害者の災いが蠱師《こし》の利益になるからだとされている。

やはり『隋書』にも「食事とともに人の腹の中に入れば、その五臓を食らい、死ねばその遺産を蠱師のものとしてしまう」とあるから、当時は、蠱は一般的に財産を奪う目的で作られると考えられていたのかもしれない。

隋の時代に宮廷及び世間を騒がせた「猫鬼《びょうき》」については、次のように記されている。

猫鬼は猫の霊魂が妖怪に変化したものであり、人に憑りつく。猫鬼を飼えば、蠱と同じように人を害することができる。

また、『諸病源候論』には「野道《やどう》」という記述が出てくる。

野道は主のない蠱である。造蠱して人を害する者たちは、悪行の積み重ねによって死に絶えることになる。その結果、主を失った蠱は道をさまよい、人を害することがある。

『隋書』に次のような記述があったことを思い出してほしい。

侯景《こうけい》の乱より後は、蠱師の家の多くは絶えてしまい、蠱の主がいなくなった。このため、蠱は公路で飛び遊ぶようになり、これに中れば命を落とすのである。

ここで言う「公路で飛び遊ぶ蠱」が『諸病源候論』に記された「野道」なのだ。『諸病源候論』を読む限りでは、蠱術には多くの虫を集めて人工的に蠱虫《こちゅう》を作る場合と、猫鬼のように自然発生した妖怪を飼いならす方法の二通りがあったと推測できる。『諸病源候論』は後の世まで非常に強い影響を与えた医学書であり、宋の時代の医学書の中にも『諸病源候論』と同様の造蠱の方法が記されている。

中国の医学書の多くは、過去の医学書の内容を転載しつつ、新たな知見を加えるという方式で編集されることが多い。造蠱については、隋の時代から宋の時代まで、新たな知見が加わっていない。

ここから推測すると、隋から宋までの長い期間、造蠱についての新たな情報は、ほとんど医学者のもとに届かなかったと考えられる。

モンゴル人の王朝である元の時代の医学書にも、造蠱についての情報が記されている。当時、南方で多発していた病気の治療法を記した『嶺南衛生方《れいなんえいせいほう》』[5]には次のような記載がある。

[5]嶺南衛生方：元代の僧侶である釈継洪（しゃくけいこう）が編纂した三巻の医学書。現在の広東省で流行した病気の治療法が記されている。梅毒という病名が最も早く記された書物としても知られている。

百虫を容器に入れて密封し、互いに食い合いをさせ、一年後に唯一残ったものが蠱である。

前半部分は隋の時代の記録とほとんど変わらない。また、虫を捕獲する時期についての情報もない。興味深いのは、蠱が出来上がるまでに一年の期間を要するとしている点だ。一年もの時間がかかるとは意外だが、このことは古くから知られていたようだ。これと同じことが『本草綱目《ほんぞうこうもく》』[6]の中にも記されているからだ。

百虫を甕に入れて一年後に開けると、必ず他の虫を食い尽くした一匹が残っている。これが蠱である。

鬼神のように姿を隠し、人に禍をもたらす虫鬼《ちゅうき》である。

『本草綱目』は明代の著作であるが、この造蠱についての内容は、唐代の医学者、陳蔵器《ちんぞうき》[7]の言説とされる部分からの引用である。つまり唐の時代には、造蠱には一年かかると知っていた医学者がいたのである。

陳蔵器からの引用には続きがある。

[6]本草綱目：明代の医学者である李自珍（りじちん）の著作。明代に至るまでの中国医学の集大成であり、現在でも漢方医学のバイブルと言っても過言ではない。

[7]陳蔵器：陳蔵器は唐代の薬学者。「本草茶療」概念を提唱したことで知られる。

中蠱《ちゅうこ》して死亡した人の死体から這い出した虫を乾燥させる。これを焼いて灰にしたものを中蠱した患者に服用させると、同類のものが同類を抑制する。

一般的に蠱病《こびょう》は蠱で治療できる。そのためには、蠱の種類を知らなければならない。すでに唐の時代には、このように認識されていたのである。そして『本草綱目』には、それがそのまま転載され、特に新たな情報は加わっていない。

◇『景岳全書』

『本草綱目』と同じ明代の医学書には、次のような記述がある。

端午節に毒蛇、蜈蚣、沼蛙《ぬまがえる》を容器に入れて互いに捕食させ、最後に残った一匹が蠱である。

これは南方の山深い土地での造蠱法として紹介されている。『隋書』の頃から、造蠱は「百虫」を集めるところから始まるとされていたが、たった三種類、三匹の小動物から造蠱できるというのである。

この造蠱法は『景岳全書《けいがくぜんしょ》』に記されている。『景岳全書』は張景岳《ちょうけいがく》[8]という明代の医学界の泰斗によって著わされた医学の集大成であり、文字数は百万字を超えると言われている。

張景岳は書斎に籠るタイプの医学者ではなかった。旅により見聞を広めていた時期があるので、自分自身の直接の体験や、遠方の事情を伝える人脈によって、従来の医学書には記されていなかった情報を得ることができたのだ。

この造蠱法が行われている土地では次のようなことも行われていたという。

> 毒蛇を殺して草で覆い、上から水を灌ぐ。数日すると菌が生えてくる。これを粉末にして酒に混ぜて人に飲ませる。その時は何も起こらないが、次に酒を飲んだ時に毒が回り、死亡する。

この菌、すなわちキノコも蠱毒の一種であると考えられている。

この造蠱法は他の医学書に記された造蠱法とは一線を画する特殊なものである。動物から直接蠱毒を作るのではなく、死骸からキノコが生えてくるのを待って蠱毒を作るのだから手が込んでいる。当時すでに造蠱法はかなり複雑化していたのだ。

明の時代にはこの他にも多種多様な造蠱法が開発されていたに違いない。張景岳はそ

---

[8]張景岳：（1563年―1640年）祖先は軍人であり、その影響もあってか軍に籍を置いていたこともある。のちに医学を志し、温補学派に傾倒する。温補作用のある漢方薬である熟地黄（じゅくじおう）を頻繁に用いたことから、張熟地の異名を取っていたという。貴族出身で学究肌の一面もあり、今でもよく使われる漢方処方を多数発明し、『景岳全書』六十四巻を著した。後の漢方医学への影響は計り知れない。

うした造蠱法の一部を独自のルートによって知ったのだろう。

さらに時代が下って清の時代になると、蠱の種類ごとに造蠱法を記した医学書も現れるが、その詳しい内容は別の章で紹介することにしよう。

◆現代の造蠱法

現代の中国で語られている造蠱法の多くは、隋の時代の造蠱法にかなり似ている。しかし細部には差異があり、また、かなり詳細である。

さらに昔の記録とはかけ離れた造蠱法もあると言われている。

先ずは伝統的な製法に近い話から紹介しよう。

蛇、蜂、胡蝶などを陶製の容器に入れて互いに捕食させ、最後に残ったものが蠱になる。

互いに捕食させると言いながら、蝶のように肉食ではない虫までもが含まれている。単に他の虫の餌食になる昆虫を用いてもよいということだろう。

また次のような造蠱法もある。

端午節の日に、百匹の毒虫を採取して陶製の容器に入れ、互いに捕食させる。最後に残った虫だけを残して死骸を捨て、赤い布で容器に蓋をして五色の糸で縛る。

生き残った虫を蠱師の唾液を餌にして育て、一年が経過すると蠱になる。

この造蠱法は、最初に「毒虫」だけを集めるのが、ひとつの特徴である。また、単に虫が生き残っただけでは蠱は完成しない。その後、一年かけて育てる必要があるというのだ。これは古い時代の記録にはない情報である。

また次のような造蠱法もある。

端午節の日に、鼠、蜈蚣、蠍、蜥蜴《とかげ》、毒蜂《どくばち》[9]、馬蜂《うまばち》[10]、藍蛇《らんだ》[11]、白花蛇《びゃっかだ》[12]、青蛇《せいだ》[13]、吹風蛇《すいふうだ》[14]、金環蛇《きんかんだ》[15]などの有毒動物を多数集め、陶製の容器に入れて最後の一匹が残るまで互いに捕食させる。

最後に残った一匹を殺して乾燥させる。

これに毒茸などの薬草と蠱師の頭髪を加えて粉末にすると蠱薬になる。

この蠱薬は大きな碗に入れて保存し、旧暦の毎月九日の深夜には蠱薬に線香を立てて礼拝しなければならない。

この造蠱法は、伝統的な造蠱法と似ている部分もあるが、かなり複雑化している。また、蠱毒の効果を維持するための礼拝が必要であるというのだ。この話と同じよう

[9]毒蜂：日本のスズメバチに相当する蜂の一種。有毒。

[10]馬蜂：日本のアシナガバチに相当する蜂の一種。有毒。

[11]藍蛇：ミドリニシキヘビやワモンベニヘビなどカラフルなヘビの総称。有毒ヘビも含まれる。

[12]白花蛇：日本ではヒャッポダと呼ばれる毒蛇。噛まれると五歩あるくうちに死ぬと言われる。

に、現代の中国で語られている造蠱法には、礼拝や祈祷や呪文などが必須の要素とされることが多い。

さらに次のような造蠱法もあると言われている。

蠱師は上等な補薬《ほやく》[16]と毒薬を蜂蜜と果物の汁と混ぜて糊状の餌を作る。餌が準備できてから、蜂、蜥蜴、蜈蚣などの昆虫を捕獲し、餌と共に容器に入れ、蓋をする。

この容器を先祖と蠱を祭るための部屋に安置し、毎日礼拝と祈祷を行う。十日ほどすると、中の虫は胡麻粒のように小さくなっている。この粒を他人の食事に混ぜて食べさせる。

短い場合はひと月、長い場合は数年経ってから、中蠱の症状が現れる。医師が正しく治療すればこの患者は助かる。

しかし蠱が原因であると見抜けなければ、患者は死亡する。死亡した患者の脇の下、目、鼻、口、耳、肛門などから蠱が這い出てくる。

このとき蠱が十分に成長していなければ、蠱は非常に小さいので気付かれにくく、周囲の人の体に侵入することがある。

十分に成長した蠱は蠱師の所へ戻り、蠱を育てた容器の中に産卵する。その卵は胡麻

[13] 青蛇：烏梢蛇（うしょうだ）の別名。烏梢蛇はカサントウ属と呼ばれるグループに属する蛇。中国では最も一般的な蛇であると言われている。体長は二メートルに達することもある。無毒。

[14] 吹風蛇：キングコブラ。有毒。体長は四メートルを超えることもある。

[15] 金環蛇：マルオアマガサ。非常に強い毒をもつ毒蛇。肉は美味である。

[16] 補薬：餌の材料となる「補薬」というのは漢方薬の一種である。体に不足している要素を補う作用を持つ薬の総称が補薬であり、補陽薬、補陰薬、補気薬など様々な種類がある。ただし通常補薬という場合には補陽薬を指すことが多い。補陽薬は陽気を増強する作用をもつ薬であり、言い換えれば活動性を高め、活性を強める薬である。

粒の半分ほどの大きさしかない。

この卵を人に飲ませ、蠱を育てた容器に向かって呪文を唱えると、蠱はその人の臓器を食い荒す。

この造蠱法を見る限り、虫同士が互いに捕食し合うという要素は消えている。蠱に人を害する能力を与えるのは、礼拝などの呪術的要素であると考えるしかない話である。

◇十二種の虫

次のような造蠱法もある。

造蠱を始める前に家屋を掃除し整理整頓する。
家族全員が肉食を断ち、先祖の霊に礼拝した後、鬼神に祈祷をする。
それから母屋の中央に穴を掘り、口が小さく腹が太い大きな甕を埋める。
端午節の日に毒蛇、蜈蚣、蚯蚓《みみず》、鰻、芋虫などの動物十二種類を捕獲する。
四つ足の動物と羽のある動物以外なら、どのような動物でもよい。
また、四つ足でも蜥蜴や守宮や蛙のように、這うように歩く動物は蠱の材料になる。
これらの動物を甕に入れ、朝晩一度ずつ鬼神に祈祷する。

甕の中の動物たちは互いに捕食し合い、一年以内に一匹だけが残る。

この時、最後の一匹は形態も色も変化する。このようにしてできる蠱には二種類ある。

ひとつは龍蠱《りゅうこ》だ。

龍蠱は蛇や蜈蚣など長細い動物が変化してできる蠱である。

もうひとつは麒麟蠱《きりんこ》だ。

麒麟蠱は蛙などのずんぐりした動物が変化してできる蠱である。

祈祷を捧げていることは、絶対に他人に知られてはならない。

もし他人に知られると呪術師に蠱が利用され、蠱師自身が蠱に害されてしまうからである。


この造蠱法では、最初に集める動物は十二種類だけである。

実はこの話とは細部が異なるものの、非常によく似たいくつもの話がある。

具体的には、龍蠱あるいは麒麟蠱が完成してから、さらに育てる必要があるという話が多い。その時に蠱に食べさせるものが何か。これが造蠱法を語る人によって、少しずつ違うのである。

ある人は豚肉、鶏肉、米を与えて三年から四年育てるという。十分に育った蠱は自ら甕を飛び出して蠱の霊力を発揮するそうだ。こうなると蠱師の家族は何をするにしても全て順調に運ぶという。

またある人は、蠱を豚の脂で炒めた卵と米で育てるという。蠱は豚の脂で炒めた卵を特に好むというのだ。やはり三年から四年育てると、蠱は自ら甕を飛び出すという。この時に蠱はまるで火の玉のような姿をしているそうだ。

飛び出した蠱は人を食らい、蠱師の家に戻って来る。その後、蠱師の家族は何をしても成功する。商人であれば巨万の富を手にし、官僚であれば大出世するというのだ。

ただし蠱師は毎年六月二十四日からの三日間、豚、鶏、羊それぞれ一頭を生贄として蠱に捧げ、礼拝しなければならないそうだ。

よく火を通した一頭分の豚、鶏、羊の肉を礼拝の後で甕に放り込むと、蠱は全ての肉を食い尽くすという。

これだけの生贄を用意するのは、相当な負担であろうから、蠱を飼うことは負担に見合うだけの利益をもたらすと考えられてきたのだろう。

現代の中国では、多くの場合、蠱師は女性であると考えられており、さらに蠱師は村落共同体の中で孤立していることが多い。

しかし、この十二種類の動物から蠱を作り出す方法については、特別な家系の者、それも共同体の指導者的な地位にある者だけがなしうるという説がある。

その説によると、造蠱は単に形式が整うだけでは足りず、特殊な能力を備えた者だけがなしうる呪術なのである。そしてその特殊能力は遺伝すると考えられていて、ある地域の有力者の家系に代々受け継がれているというのだ。

蠱術は何らかの形で後世に伝承されるが、遺伝という形で伝えられるという観念も存在するのである。

◇血液

中国南部のリゾート地として有名な海南島《かいなんとう》の三亜《さんあ》[17]には、四十九種類の虫から蠱を作る造蠱法があるそうだ。

ただし四十九種類という数は厳密ではないらしく、多少違っていても造蠱できるそうだ。

ここでの特徴は虫を集める方法にある。初潮の月経血を野外に撒いて虫をおびき寄せるのである。

これは紀元前の医学書『五十二病方《ごじゅうにびょうほう》』の中に記された「月経血が蠱病の治療に用いられていた」という記録と真っ向から対立するようにも思われる話だ。

月経血は穢れの象徴であり、鬼神の領域に属する蠱は穢れを恐れる。だからこそ蠱病の治療に月経血が用いられたのだ。しかしその月経血を使って蠱の材料を集めるというのだから、蠱の性質は単純ではない。

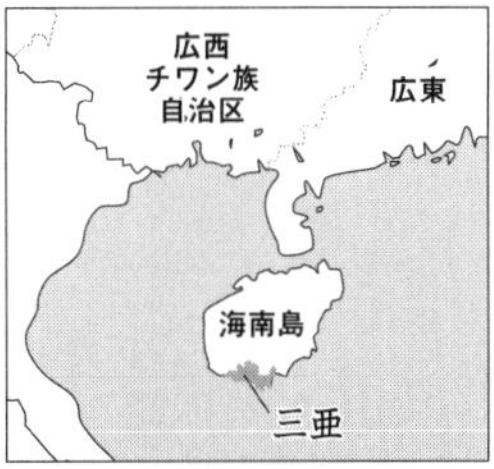

[17] 海南島の三亜

実は、呪術の世界では、初潮には特別な意味がある。女性に生殖力が具わるきっかけとなる物質。それは陰気の極みであり、陰の世界に属する霊的な存在を引き寄せる働きをもつのだ。初潮に集まる虫たちは陰気に感応する霊的なポテンシャルを秘めた存在なのである。

ともかく、そうして集めた虫を四十九日間塩漬けにしてから乾燥させ、それを砕いて粉薬を作る。この薬を酒に混ぜたものが情蠱の薬になるそうだ。

蠱の元になる虫の数には一定の決まりはないとする話もある。

例えば蛭《ひる》一匹からでも蠱は作れるという蠱師もいるそうだ。ただしそのような蠱は小さすぎて使い物にならないらしい。そこで蛭を何匹も一緒に飼って互いに捕食させ、大きな蠱を作り出すという。このことを「九蛭出一蠱《きゅうしつしゅついっこ》」と表現する。

この場合の「九蛭」は必ずしも九匹の蛭という意味ではなく、多数の蛭という意味だ。実際には九匹どころではなく、ぞわぞわと蝟集《いしゅう》する数千匹もの蛭から一匹の蠱を作り出すらしい。

このときに蠱の餌となるのは蠱師の血液である。

情蠱の作り方の中にも、蠱師の血液で蠱を育てるという話があった。

蠱を育てる際に血液が使われるという話は、現在の中国では広く語られている。しかしこうした説は古い時代の記録にはない。

中国の長い歴史の中で守られて来た秘密が、農村部での人の移動が激しくなることにより、流出したのかもしれない。

少数の生物を厳選して造蠱を始める方法もある。例えば次のような方法である。


造蠱を始める前に、占いによって造蠱にかかる日数を占う。

この占いの方法は様々であり、蠱師の家に代々伝えられている。

造蠱にかかる日数は、通常は、四十九日[18]、百日、一年の何れかであり、一年以上かかることは非常に少ない。

次に上等な補薬と毒薬を蜂蜜と果物の汁と混ぜて糊状の餌を作る。

餌が準備できてから、蠱師は毒のある生物を捕獲する。この時に選ぶ生物は、毒性が強すぎてもふさわしくない。

注意すべきは、捕獲する生物同士の組み合わせである。

例えば、蛇と守宮のように、一方がもう一方を捕食する関係にある生物を選び、さらに適当な数を確保する必要がある。

蛇一匹に対しては、守宮は七匹から八匹が適当であるというように。

一方の生物がもう一方の生物を短時間で食い尽くすような組み合わせは避けなければならない。

[18] 四十九日：中国において四十九日は完成を象徴する。四十九日経過することにより蠱が完成するということであろう。

適当な生物を捕獲したら、餌と共に造蠱用の容器に入れて蓋をする。

造蠱に用いる容器には呪力が宿ると考えられている。古ければ古いほどよい。

この容器を先祖と蠱を祭るための部屋に安置し、毎日礼拝と祈祷を行う。

最初に占った日数が経過した日に、特別な祭礼を行って容器を開ける。

両手の人差し指で蠱の容器を叩き、その後に両手の人差し指を蠱を放ちたい相手に向けると、その相手を害することができる。

また片手の人差し指で容器の上に相手の名前を書き、心の中に相手の容貌を思い浮かべることで、相手を害することもできる。

何れの場合も、人差し指で直接相手の体に触れることで、同じ効果が得られる。

この造蠱法で作られる蠱の寿命は、五百年から六百年である。


この造蠱法では、蠱の呪術的な能力は、毎日の礼拝と容器に備わる呪力によって養われると考えてよかろう。

最初から一匹の虫を厳選して造蠱する方法もある。


蠱を作るには、先ず、十分に注意して蠱に育てるべき有毒生物を選ぶ。

蠱になる生物にはどこかしら他の生き物にはない特徴がある。

例えば毒蛇なら毒が特に強いものを選び、守宮なら角のようなもの[19]を探すというように。

そうした生き物を捕まえたら、蠱を育てる容器に入れて餌を与え、呪文を唱える。

餌はその生物が普段から食べている餌に加えて、補薬と蜂蜜、果物の汁を混ぜたものを与える。

巴豆の図（画像出典：岩崎常正著『本草図譜』国会図書館蔵）

容器には呪力があり、中の生物に蠱に変化する能力がない場合は、しばらくするとその生物は消えてしまう。

四十日以上経過したら餌の中に毒薬を混ぜる。どのような毒薬を与えるかは生物の種類によって異なる。

例えば、鼠の場合は巴豆《はず》、蛇の場合は雕鷹《ちょうおう》の爪と目玉、守宮の場合は朱砂《しゅさ》と食塩というように。

こうして十一日育てた後に、その生物の天敵を容器に入れて戦わせる。例えば鼠を育てているなら猫を入れるのだ。

[19]角のようなものが生えているもの：妖怪や怪獣のたぐいだと思われる。

この場合に鼠が猫に食われたら造蠱は失敗である。

鼠が蠱に成長していれば、鼠蠱《そこ》は猫を食い殺すことができる。

蠱が完成したら、その容器の前で相手の生年月日と住所を告げて祈祷を行うと、相手を呪い殺すことができる。

また蠱の体の一部、例えば鼠なら毛、守宮なら体表の粘液などを相手の食べ物に混ぜることによっても、相手を害することができる。

このようにして作られた蠱の寿命は非常に長いが、殺すことはできる。ただし蠱を殺しても邪気が残り、その邪気によって復讐される[20]。

この造蠱法では、ある程度生物を育てた段階で毒を与えるとされている。

鼠に与えるとされる巴豆は植物の種子であり、中国ではよく知られている猛毒である。

また守宮に与えるとされる朱砂は水銀の化合物であり、やはり毒薬であると言ってよい。

しかし雕鷹《わしたか》の爪や目玉、さらに食塩は、常識的には毒薬ではない。雕鷹は日本ではクマタカと呼ばれる猛禽類であるが、毒鳥ではないのである。

つまり蠱を育てる時に用いられる毒は、必ずしも毒性のある物質ではなく、呪術的な意味での毒、言い換えれば邪気なり呪力なりを具えたものを指すのであろう。

[20] 復讐される：恐らく殺されるという意味。

また、最初に選ぶ生き物に特殊な性質が具わっていなければ、その動物は蠱にはならないと考えられている点は、注目に値する。

造蠱に必要な要素は蠱師の側の能力だけではなく、選び取る生物の側にもある。この観念も古い時代の記録には示されていなかった考え方である。

◆小結──複雑化する造蠱法

現代中国において語られている造蠱の方法は、古い時代の記録に比べると、かなり詳細であり、また、新たな要素が多数加わっている。その特徴を振り返ってみよう。

◇蠱虫のイメージ

先ず言えるのは、現代の中国においても、蠱術と虫、または小動物との関係は密接であるということだ。

『隋書』の時代には、虫を集める時期について、端午節との条件が示されていた。しかしそれ以上の限定はなく、どのような虫でも蠱になりうるとも解釈できた。

現代の造蠱法には、特に決まった条件が示されていない場合もあるが、集める虫は特殊な条件を具えたものでなければならないとされている場合も少なくない。それを列記すると次のようになる。

有毒な虫に限る。

地を這う生物に限る。
羽があるものは除外する。
通常では見られない特徴を有するものを選ぶ。
特殊な方法で捕獲したものに限る。
占いによって決められたものを選ぶ。

これらの条件には共通した特徴はない。それぞれが独立して伝わった流儀だからであろう。

虫の選び方ひとつとっても、蠱術は多様であると認めざるを得ないのだ。中国人の中には「蠱術は蠱師の数だけ種類がある」という人もいる。

これほどの多様性が近年になって急に現れたと考えるのは不自然である。恐らく、かなり以前、ことによると隋の時代、あるいは魏晋南北朝時代には、すでに多様な蠱術が存在していた可能性が高い。

当時から蛇蠱や狗蠱《くこ》など、蠱の種類が複数存在していたことは、当時の蠱術の多様性を示唆している。

古い時代の記録では、多数の虫が互いに捕食し合い、最後に残った一匹が蠱になると書かれる例が多かった。

しかし現代の中国では、最後に残った一匹をさらに育てることによって、蠱が完成するという話が少なくない。

このときに何を与えて育てるかについては、やはり決まった型は存在しない。どのようなものがあるかを列挙すると次のようになる。

蠱師の血液
蠱師の唾液
豚肉
鶏肉
羊肉
米
豚の脂で炒めた卵
漢方薬
蜂蜜
毒薬
小動物

こうして見ると、純粋に生き物の餌と考えられるものもあれば、呪術的要素を抜きには理解できないものもある。

◇蠱師のイメージ

蠱師についての考え方は、清の時代に存在していた「蠱師は南方の異民族の女性である」という観念が現在でも支配的である。

すでに紹介したように、男性の蠱師の話もあるが、圧倒的に多いのは少数民族の村に住んでいる女性の蠱師の話である。さらに限定すれば、少数民族の中でも苗族の話が非常に多い。これは観光化された土地の多くが苗族の居住地であり、情報伝達を盛んに行う若い中国人と苗族との接触が増えたからではないかと推測できる。

さらに蠱師の特徴として次のような要素が加わることがある。

特別な修業が必要である。
代々伝わる秘伝を知らなければならない。
遺伝により伝わる能力が必要だ。
特別な薬を使う。
霊的なものが憑依しているのが蠱師である。

特別な呪力をもつ物品を所有している。

多くの場合、蠱師はその気になれば誰でもなれるような存在ではない、と考えられているようだ。

『隋書』の記録通りに虫を集めてきても、それだけでは蠱にならない。その儀式を行う人のもつ特殊な能力、または条件が、造蠱には必須なのである。

このことと関連して、蠱師には特別に要求される作法や掟があるとの話が少なくない[21]。造蠱のためには何らかの礼拝、儀式、祈祷、呪文が必要であり、しかもそれは毎日行われなければならないとされていることが多い。

また、一般的に蠱は清潔を好むとされていて、精進潔斎、家屋の掃除、整理整頓が必要だとも言われている。

さらに造蠱している事実を秘密にしなければならないという話も多い。他人に知られると蠱師自身に禍が降りかかるとされている。

古い記録には、蠱師がどのような存在なのか、虫を集める以外にどのようなことを行って蠱を完成させるのか、ほとんど情報が示されていなかった。

蠱師の条件について何も情報がないため、蠱術の本質は多くの虫を集めて互いに捕食させることだと誤解されがちであった。

[21] 要求される作法や掟：秘密を守る、神像を磨くなど。

しかし、現在の中国では、蠱師の特殊な能力こそが蠱を作り出す源泉であると認識されている。

蠱術が呪術である以上、呪術師である蠱師の能力なしに蠱術は成立しない。現在の中国人は、蠱術に対して正確な認識に達しているのである。

第四章 蠱の不気味な多様性

◆蠱の種類による違い

『隋書』には「百種の虫を集めて器の中に入れ、互いに捕食させ、生き残ったものを保存する。蛇が生き残れば蛇蠱《だこ》であり、蝨《しらみ》が生き残れば蝨蠱《しっこ》であり、これで人を殺す」と記されていた。つまり、蠱《こ》には様々な種類があるのだ。理論的には百虫の全てが蠱になりうるからだ。

造蠱《ぞうこ》している蠱師《こし》にとっては、自分が作り出した蠱がどのようなものかは明らかである。一方、中蠱《ちゅうこ》した者は通常は自分を苦しめている蠱の正体を知らない。しかしそれでは、座して死を待つことになる。

『本草綱目《ほんぞうこうもく》』には次のように記されていた。

一般的に蠱病《こびょう》は蠱で治療できる。そのためには蠱の種類を知らなければならない。

そして次のような具体例が示されている。

蛇蠱は蜈蚣蠱《ごこうこ》で、蜈蚣蠱は蝦蟇蠱《がまこ》で、蝦蟇蠱は蛇蠱で治療できる。

蠱病は死に至る病である。しかし蠱の種類が分かれば、患者を救うことができるのだ。だから医師にとっては蠱の種類を特定することは、非常に重要な治療の第一歩なのである。

医師の需要に応えるかのように、多くの医学書に個別の蠱の特徴が記録されている。そうした記録を見ると、一行ほどの実にそっけない記録もあれば、かなり詳しい記録もある。

なぜ蠱の種類によって、大きな情報量の差が生じるのか。

恐らく、次のような事情があるのだろう。

蠱は理論的には無数の種類がありうるのだが、実際に作られる蠱の種類は限定されている。捕獲しやすい動物は限られているだろうし、複数の小動物に食い合いをさせれば、最後に残る動物は蛇や鼠など、ある程度の大きさがある動物に偏らざるを得ないからだ。

そうなると、頻繁に作られる蠱に関する情報は多く、珍しい蠱についての情報は少ないという結果になる。これが古い医学書の記録に反映されているのだろう。

同じことは現代の中国で語られている蠱についても当てはまる。すでに紹介した金蚕《きんさん》蠱《こ》や鶏鬼《けいき》については、全てを紹介しきれないほど多くの情報が出回っている。

しかし、鳩蠱《きゅうこ》のように、存在は囁かれているが、実体は闇に包まれている蠱[1]も少なくない。場合によっては「こういう種類の蠱が存在する」という情報しか得られないこともある。これも各種類の蠱の「出現率」を反映した結果であろう。

この章では、あまりにも情報が少ない蠱については記述を省略し、出現率が高い蠱を順次紹介する。

[1] 存在は囁かれているが、実体は闇に包まれている蠱:鳩蠱は名前以外の情報が全くない。また名前だけ情報があるものとしては他に、桃花蠱、蟻蠱、毛虫蠱、麻雀蠱、烏亀蠱がある。

◆鶏蠱

鶏蠱は、鶏を使って作る蠱[2]である。すでに紹介した龍州県《りゅうしゅうけん》の「鶏鬼」を鶏蠱《けいこ》と呼ぶ場合もあるが、これとは別の鶏蠱が存在するのだ。

では、鶏蠱とはどのようなものか。

これについては諸説ある。そのうち比較的詳細に造蠱法を伝えている話を紹介しよう。

大きな雄鶏を選んで殺し、山の中に放置する。そうすると蜈蚣《むかで》、蟻、蠍《さそり》などの虫がその肉を食らい、七日すると骨だけになる。

その骨を持ち帰って陰干しにし、臼で挽いて粉にすると鶏蠱ができる。

中蠱した人は、使われた鶏蠱の量によって早い場合は二週間、遅い場合は三年後に突然死する。

鶏蠱は他人に自分の要求を飲ませるために使われる。

明確には示されていないが、鶏蠱には解蠱《げこ》法があり、中蠱しても蠱を放った蠱師に頼

[2]鶏を使って作る蠱：そもそも中国では鶏は霊的な世界と日常世界の中間に位置する生き物だ。神への生け贄、呪術の媒介、呪詛の手段など、あらゆる呪術的な場面に鶏は姿を現す。鶏の首を刎ねて神の許しを請い、鶏の血液で他人を呪殺する。このような例は枚挙にいとまがない。呪術の媒介者である鶏が蠱の素材にならないはずがないのだ。

めば命が助かる。この状況を利用して他人に自分の要求を押し付けるのが鶏蠱を作る目的なのである。

鶏蠱の作り方、鶏蠱を作る目的については、別の話もある。

生きた雄鶏と雌鶏を一対用意し、生きたまま甕の中に入れて密封し、呪符を貼る。二羽の鶏は甕の中で死亡し、時が経つと腐敗してどろどろに溶けてしまう。この液体を乾燥させて粉にしたものが鶏蠱である。鶏蠱を作るのは、広西やベトナムの女性である。遠方から来た男性と結ばれた女性が、男性が故郷に帰るときに鶏蠱を放つ。もしも男性が女性のもとに帰って来なければ、鶏蠱の作用で全身が腐乱して死亡する。女性のもとに帰ってくれれば、女性が解蠱することで命が助かるのだ。

鶏蠱を作る目的が蠱を放った相手に何らかの行為を強制するためであるという点は、どちらの話にも共通している。

恐らく蠱師は蠱を放った後でその相手に自分が蠱を放ったことを告げるのであろう。そうしなければ相手は何も知らないうちに死亡する可能性があるので、蠱師の目論見は成功しないからだ。

通常、蠱師は自分が蠱を放ったことを秘密にすると言われているが、このような例外も存在するのである。

◆瑪蝗蟲

瑪《ば》蝗《こう》蟲《こ》の「瑪蝗」は中国でのヒルの俗称である。俗称だけに表記法は曖昧であり、「瑪」は虫偏で書かれる場合もある。中国語でヒルを表すときには、改まった書き方では「水《すい》蛭《てつ》」という文字を使うことが多い。だから水《すい》蛭《てつ》蟲《こ》という言い方も無くはないが、一般的には瑪蝗蟲と呼ばれている。

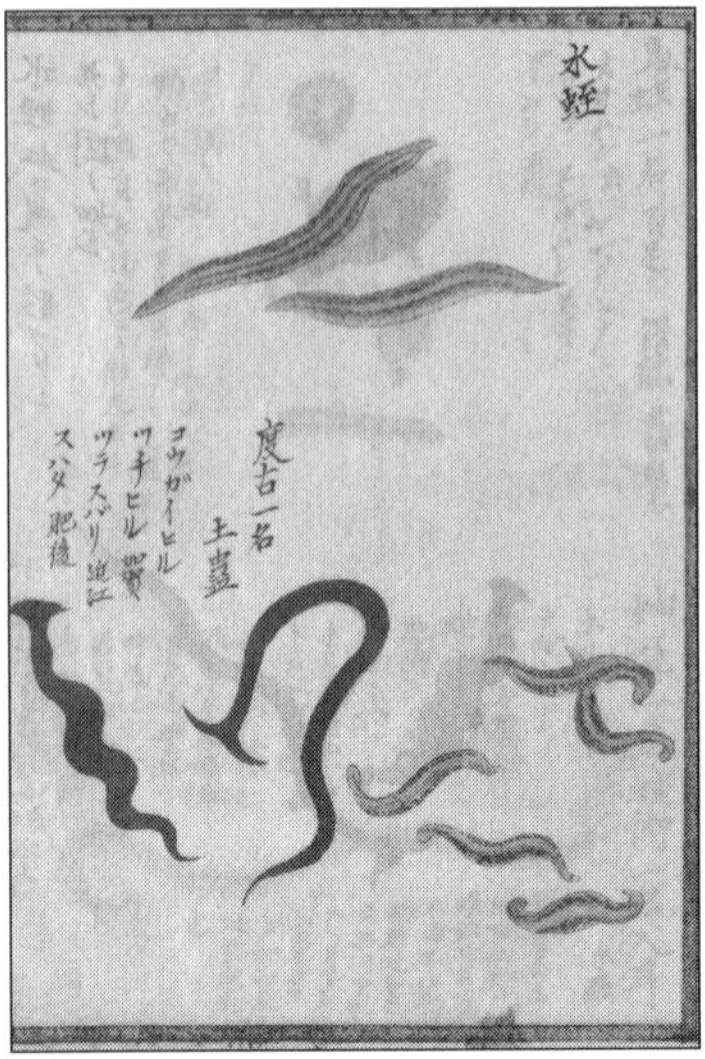

水蛭の図。画像上（画像出典：栗本丹洲著『千蟲譜』国会図書館蔵）

漢方に詳しい人なら水蛭という漢方薬[3]があるのをご存知だろう。

漢方薬の水蛭は、ヒルを乾燥させたものである。漢方薬としての需要は現在でも旺盛であり、中国ではわざわざ養殖している。

私はその様子を見たことがあ

[3]水蛭：水蛭は活血薬（かっけつやく）の一種である。血のめぐりを改善する作用を持つと考えればよい。

る。浅く細長いプールのような養殖場でヒルが大量生産されているのだ。

しかし瑪蝗蠱を作る場合には水中のヒルではなく、日本で山ビルと呼ばれる陸棲のヒルを使う。

山ビルは日本にも広く分布しているので、ご覧になったことがある人も少なくないだろう。不用意に山の中を歩いていると、いつの間にか山ビルが足に吸い付き吸血するのである。

あたかも地中から湧き出すかのように現れる山ビル。動物の生き血を吸り肥え太るその姿は、小さな妖怪のようでもある。このような不気味な生物が蠱の材料に選ばれたのは必然としか言いようがない。

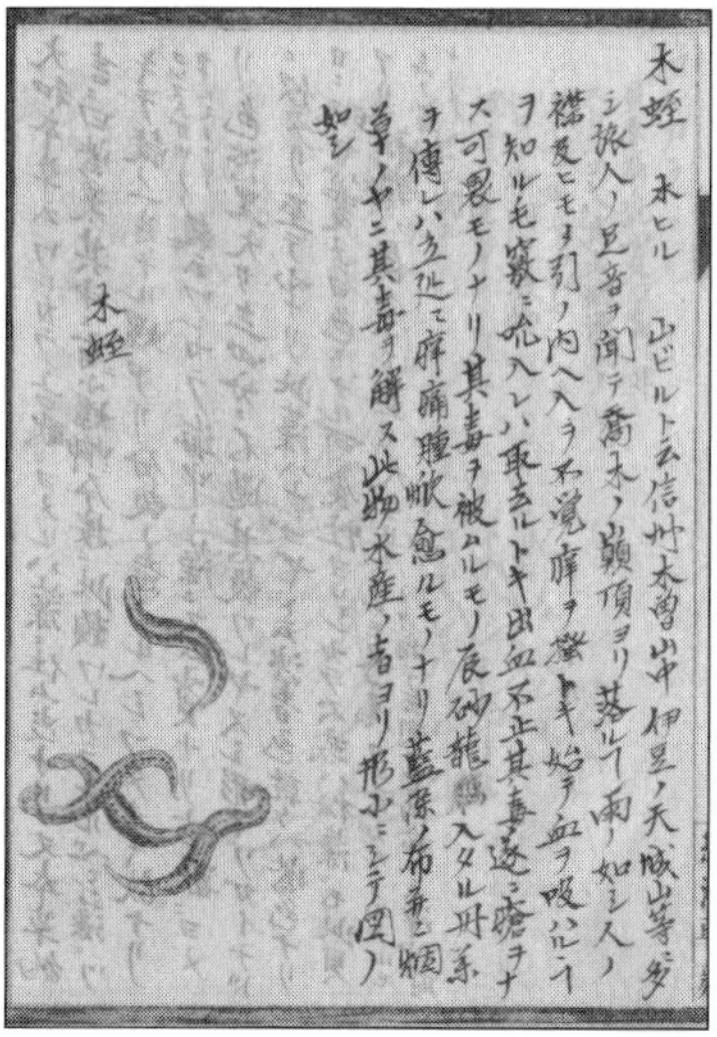

山蛭の図（画像出典：栗本丹洲著『千蟲譜』国会図書館蔵）

瑪蝗蠱を作るにはヒルを大量に集めなければならない。

そのために鶏を一羽捌いて山の中のヒルが生息する近辺に放置しておく。すると鶏の死体にヒルが集まるので、一気に大量のヒルを捕獲することができる。

中国南方の山ビルにはいくつか種類があるようだが、瑪蝗蠱を作るには、扁平で暗い黄色のヒルが最も適しているそうだ。血を吸う前はナメクジのような姿だが、十分に吸血するとナマコのような筒形になる。

大量に集めたヒルを乾燥させてから粉にすると瑪蝗蠱になる。

鶏の血に霊力があるのか、山ビルに呪力があるのか定かではないが、瑪蝗蠱を作るには、特別な儀式を必要としないようだ。

瑪蝗蠱を用いるときは、飲み物や食べ物、さらには煙杆《えんかん》と呼ばれる喫煙器具に振りかけて相手の体内に送り込むという。

ただし熱い食べ物や飲み物に振りかけてはならない。そうすると霊力が失われてしまうからだ。

ヒルを乾燥させて粉にしただけでは瑪蝗蠱にならないという説もある。その説によると、ヒルの粉に卵の殻と人間の耳垢を混ぜることによって初めて瑪蝗蠱になるそうだ。

瑪蝗蠱に中《あた》ると、七日ほど経過してから腹が張り、腹痛、下痢、さらには血便や嘔吐の症状が現れる。

この症状は鶏肉、雌の豚肉、羊の肉、冷たいもの、酸味のあるものなどを食べると悪化する。なぜか焼きそばを食べても悪化するそうだ。

このような症状が続くと患者は痩せ衰えて、ほとんどの場合、三年から四年で死亡するという。運よく生き延びても瑪蝗蠱の症状は十年は続くそうだ。

なお、瑪蝗蠱は彝族《いぞく》[4]に伝わる蠱毒《こどく》である。

現在の中国では蠱毒と言えば苗族というイメージが強いが、実際には別の少数民族にも独自の蠱術があることがわかる。

彝族には独自の民族医学があり、ヒルを治療に使う事例があることから、蠱毒にも転用されたのであろう。

[4] 彝族：彝族は四川省、雲南省などに分布する少数民族である。現在でも独自の民族医学を継承している。彝族の医学理論は気の通り道である「気路」の存在など、漢方理論の経絡理論に似ている面もあるが、詳細はかなり異なる。

◆牛皮蠱

現代の中国では造蠱が盛んな地域は湖南《こなん》省、雲南《うんなん》省、貴州《きしゅう》省、広西《こうせい》チワン族自治区であると言われている。しかしこの地域に限定されているわけではない。

四川省にも蠱は残存していると言われている。

四川省は三国志の時代の魏、呉、蜀のうちの蜀の地であり、古くから漢民族の土地であるというイメージを持たれる人も多いようであるが、実は現在でも少数民族が多い土地なのである。

また四川省都江堰市《とこうえんし》の青城山《せいじょうさん》[5]は道教の発祥地であり、はるか昔から現在に至るまで道教の聖地であると見なされてきたことを忘れてはならない。

中国の呪術の起源を遡れば、ほとんどの場合は古代の道教と結びつくと言われている。蠱術も道教の影響を受けた呪術のひとつであるとする説も主張されているのである。

確たる証拠があるわけではないが、四川省が蠱術の発祥地である可能性も否定はできない。少なくとも金蚕蠱の発祥地は四川であり、後に湘西《しょうせい》、福建《ふっけん》などに伝播《でんぱ》したといわれる歴史を思い出してほしい。四川省は独自の蠱術を生み出すだけの呪術的環境が具わ

---

[5] 青城山：青城山は道教の聖地である。山中には建福宮をはじめ多数の道観(道教寺院)があり、現在では有名な観光地になっている。

った土地なのである。

その四川省には牛皮蠱《ぎゅうひこ》と呼ばれる蠱が存在すると言われている[6]。

牛皮蠱の作り方にはふたつの説がある。

ひとつは乾燥保存されている牛の皮を水に漬けて腐らせ、そこに集まる蛆虫《うじむし》を使って蠱を作るという説である。

この蛆虫を集めて陰干しにしてから粉末にしたものが牛皮蠱だというのだ。

もうひとつの説は、文字通り牛の皮を材料にするという説である。

この説によると、牛の皮を土に埋めて腐らせたものを掘り出し、これを陰干しにしてから粉末にしたものが牛皮蠱なのだという。

牛の皮ならどのようなものでも牛皮蠱になるわけではない。牛の体表にはつむじを巻いている箇所があるらしく、その部分の皮だけが牛皮蠱になるというのだ。

牛皮蠱は食べ物に混ぜて人に食べさせることにより相手を害する。ただし熱い食べ物に混ぜると効果はないらしい。

牛皮蠱に中ると口から白い泡を吐き、腹が膨らみ、腹痛が襲う。そして下血するそうだ。運が悪いと二か月後には死亡するという。ただし必ず死ぬわけではない。命が助かったとしても十年間は蠱の影響で苦しみ続けるそうだ。

[6] 四川省と牛：四川省では古くから塩分を含んだ井戸水から食塩を製造していた。その井戸水をくみ上げるために牛が使役されていたため、四川省では古くから牛が生活に溶け込んでいたのである。

◆泥鰍蠱

中国では一時期、泥鰍《でいしゅう》蠱《こ》が盛んに作られていたようだ。

泥鰍《でいしゅう》はドジョウという意味だ。日本語では「泥鰌」と表記するが、中国語の表記では泥鰌ではなく泥鰍である。これは余談だが、中国では「鰍」単独でもドジョウを意味するが、日本ではカジカ[7]を意味する。両者は別の種類の魚であるが、姿かたちを見比べると似ていなくもない。

中国ではドジョウは非常に身近な存在である。大都会の市場でも生きたドジョウが食材として売られている。

実は日本でも一般家庭でドジョウを食べていた時代がある。まだ街の中に魚屋が店を構えていた頃の日本では、生きたドジョウを売っていたのだ。鮮魚もスーパーマーケットで買う時代になってから、そういう光景を目にする機会は少なくなった。

私は日本のドジョウも中国のドジョウも日常生活の中で目にしてきた。両者を比べると明らかに種類が違う。中国のドジョウは日本のドジョウよりも太い。また、日本のドジョウはウナギの色に近く、黒に近い灰色であるが、中国の市場で見かけるドジョウの

---

[7]カジカ：カサゴ目カジカ科の魚。

色はやや黄色い。

ドジョウの口の周りには短い髭のような突起が数本ある。そのせいでドジョウを上から眺めると口から牙が生えているかのように見える。

頭部の不気味な造形。それに加えて、ぬめりのある長細い体形。呪力を秘めた存在のように見えなくもない。

当然、泥鰍蠱の存在を初めて耳にしたときは泥鰍蠱はドジョウから作られるものだと考えた。しかし実は違うのだ。

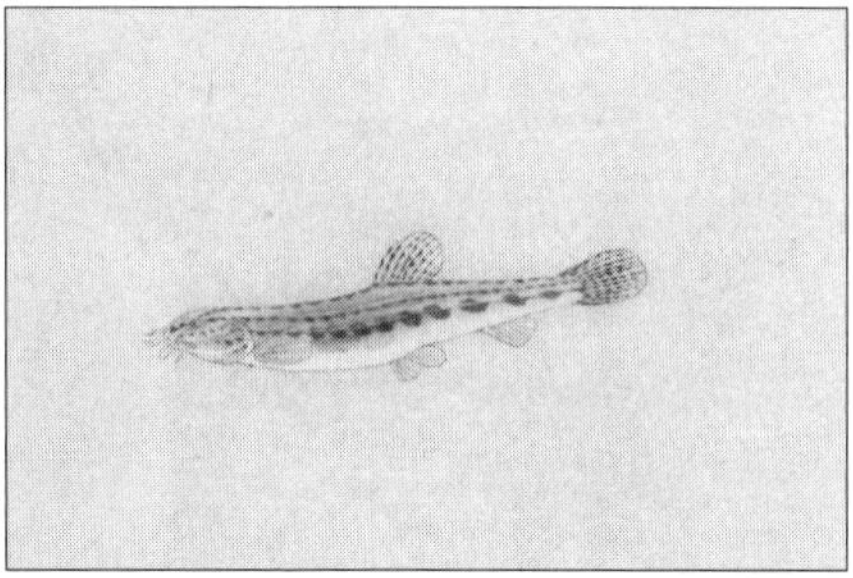

『本草鳥獣魚貝図譜』(画像出典:田中芳男 輯録 国会図書館蔵)に掲載されているドジョウ。このドジョウは中国のドジョウに似ている

竹の葉を蠱薬を溶かした水に沈めて長期間放置しておくと、竹の葉は毒のあるドジョウに姿を変える。これが泥鰍蠱である。

泥鰍蠱を煮て人に食べさせると、体内で数匹のドジョウが肛門から喉元まで動き回るのを感じるようになる。

便が出なくなり、適切に治療しなければ必ず死ぬ。

これは清代の医学書に記された泥鰍蠱についての

説明である。医学書であるから、この記述に続いて治療方法が示されている。

> 雄黄《ゆうおう》、蒜《さん》、菖蒲を生のまま噛み、温水で服用する。下痢をすれば病気は治る。ただしその後も一年から二年のあいだは魚や蝦を食べてはならない。

雄黄、蒜、菖蒲は全て魔除けの作用があるとされる「避邪物《ひじゃぶつ》」[8]である。

雄黄は昔から魔除けの呪力がある鉱物であると考えられてきた。雲南省で蠱の力を制圧するために建造された塔の名前が「雄黄塔」であったことを思い出していただければ、中国における雄黄の位置づけを理解していただけるだろう。

蒜、つまりニンニクが邪気を払うという観念は日本でも違和感のない考え方であろう。洋の東西を問わず、邪悪なるものはニンニクを嫌うようだ。

菖蒲も中国では邪気を払う植物であると考えられてきた。日本では端午の節句に菖蒲湯に入るのは菖蒲と「尚武」が同音だから武士が縁起をかついで菖蒲を用いるようになったと説明されることが多いが、中国では五毒出没の時である端午節に魔除けの呪力がある菖蒲で邪気を払うのが目的なのだ。

現代医学の目から見れば、泥鰍蠱の症状は、よく火を通さずにドジョウを食べた結果、

---

[8] 避邪物：その他、代表的なものとしては、桃、犬の牙、（宝石の）玉、（ウミガメの）玳瑁（たいまい）などがあげられる。

腸内で寄生虫が大増殖して排便ができなくなった状態そのものだと説明する人もいる。

しかも雄黄やニンニクには駆虫作用があるので、呪力ではなく寄生虫を除去する作用によって病気が治るというのだ。

この見解をどう見るべきであろうか。

泥鰍蠱は呪術ではなくて、人工的に寄生虫を感染させる邪悪な医術なのか。

私は効果のある呪術を科学的に検討すれば、多くの場合、しかるべき説明がつくものであると考えている。

ただし医学的に、または科学的に説明が可能であっても、呪術は呪術である。なぜなら呪術には神秘的な儀式や人間の情念、恐怖心などが必須の成分として付着しているからだ。

それらを洗い流してしまう科学的な説明は呪術を完全には説明しきれない。

そもそも呪術は科学と矛盾するものではない。呪術は科学の領域の中にありながら、科学の領域の外にも広がりをもつ人間の営みのひとつなのである。

だから泥鰍蠱は、やはり呪術なのであるという他はないのだ。

◆疳蠱

清代の医学書『験方新編《けんほうしんぺん》』[9]には疳蠱《かんこ》についての長い記述がある。それによると、疳蠱には、放蛋《ほうたん》、放疳《ほうかん》、放蜂《ほうほう》という別名がある。蜂という文字があるので、蜂から作られる蠱のようにも思われるが、実はそうではない。もっと複雑な材料から作られるのだ。

> **端午の日に蜈蚣を捕獲し、小型の蛇、蟻、蝉、蛆虫、蚯蚓《みみず》、蛞蝓《なめくじ》、頭髪などと混ぜて粉薬を作り、五瘟神《ごおんしん》[10]の像に捧げる。**
> **その粉薬は日が経つと疳蠱になる。**

疳蠱は「両粤《りょうえつ》」で盛んに作られるという。両粤は現在の広東、福建、広西に相当する地区である。清代には蠱術は南方の呪術であると考えられていたことと符合する。

疳蠱による症状は、かなり詳しく記されている。

> **疳蠱に中る[11]と腹が張り、腹が痛くなる。また腹が鳴り、腹からガスが突き上げてくる。**

---

[9] 験方新編：験方新編は清代の医学者である鮑雲韶（ほううんしょう）が編纂した医学書。現在の日本でいう「家庭の医学書」に相当する実用的な廉価版であり、広く普及した。

[10] 五瘟神：五瘟神というのは、五柱の疫病神である。五瘟神は、古くは疫病を広げる恐ろしい神々であるとされていたが、疫病を司る能力があるので、病から人々を守る守護神であるとの信仰も存在する。このため、五瘟神は五福大帝とも呼ばれて崇められているのだ。

さらに鼻や耳の中に小さな虫がいるような感覚をおぼえる。

下痢が出そうになるが実際には固形の便が少しだけしか出ない。

体は痩せ衰え、肌の色は黒くなる。

静かに座っていると、頭髪の中に蟻がいて、皮膚を噛んでいるように感じるが、いくら探しても実際には蟻はいない。

横になって休むと顔の上を虫が這っているような感じがする。蚤か蟻にでも噛まれたように感じることもある。

口や肛門の周囲に虫が這っているように感じることもあるが、実際には虫はいない。

突然手や足が麻痺することもある。

三日から四日経つと蜂が飛んで来るような音が聞こえ、多数の蟻に噛まれるような感覚をおぼえるが、実際に見てみると蟻はいない。

このような症状が現れる理由についての解説がある。医学書にこうした解説があるのは珍しい。

疳蠱が体に入ると少しずつ毒気になって体を巡る。毒気が巡ってきた所に虫がいるように感じるのだ。

---

[11] 疳蠱に中る：疳蠱は飲食物に混ぜて人に食べさせるだけではなく、路上に撒くことによっても他人を害することができる。路上に撒かれた疳蠱を踏むだけで中蠱してしまうからだ。

毒気が肛門に至ると、虫がいるように感じる。毒気は便と共に排泄される。その時の便の色は黒か藍色だ。

七か月から八か月経っても毒気はなくならない。

腹は激しく鳴り続け、胸の中をまるで蛇がのたくるようにうねりながら悪気が突き上げて行く。

肌の上を虫が這っているように感じるだけではなく、肉の中にも虫がいるように感じる。

患者が感じる虫が這うような感覚や蜂の羽音などは全て毒気によるものであり、実際には虫はいないのだという。

実際には虫がいないのに虫が這っているような感覚をおぼえる。この症状は不気味であるようにも思われるが、このこと自体は医学的には珍しい話ではない。エクボン症候群[12]という診断名まであるくらいだ。私自身もそういう患者の治療を経験したことがある。

だから疳蠱はエクボン症候群の奇怪な症状を呪術に引き付けて解釈したものではないかという人もいる。しかし、疳蠱は明確な消化器系の症状を伴う点でエクボン症候群とは明らかに異なるのだ[13]。

[12] エクボン症候群：下肢がムズムズしたり、皮下に虫が這っているような感覚が生じる。さまざまな病気に合併するが、直接の原因は不明である。

続いて「適切な治療法」が示される。その治療法は症状の重さや具体的に現れる症状の違いによって異なる。また何を食べて中蠱したかによっても治療法が異なるのだ。疳蠱の治療法はあまりにも詳細に記述されているので、実際に疳蠱の治療が行われていたことは疑いようがない。

具体的な治療法を紹介すると、漢方薬の羅列[14]になってしまうので、さらにその先の病状が回復する過程についての記述を見てみよう。

解毒薬が毒気と遭遇すると毒気は大腸を下って排泄される。便の色は最初は黒く、次第に青色になり、さらに藍色になる。腐った木耳《きくらげ》のようなものが排泄されることもある。

治りかけのときには、食事をした後に全身が痒くなることがある。これは体の中で毒の影響を受けた古い血が食事によって生まれた新しい血と鬩《せめ》ぎ合って生じる痒みであるから心配には及ばない。

清代以前の医学書にも蠱病の治療方法は記録されているが、それらの内容と比べてみても疳蠱についての記述は非常に充実している。

当時、疳蠱に中ったと診断される患者が多数存在したのであろう。

---

[13] エクボン症候群とは明らかに異なる:疳蠱についての記述は次のように続いている。
疳蠱に中った者は性交を慎まなければならない。
性交すると尿が濁り、膀胱に毒気が侵入して病状が変化する。下腹部に実際に疳虫という虫が現れるからだ。
こうなると多くの場合に梅毒を発症して、数か月以内に必ず死亡する。
仮に性交を慎んだとしても、適切に治療しなければ体が腫脹して死亡する。

[14] 漢方薬の羅列:疳蠱の治療法は紫蘇（しそ）、薄荷（はっか）を筍水（しゅんすい）で煎じたものを基本方剤とし、五臓（ごぞう）の状態に応じて加減（かげん）を行う。この場合の加減とは、例えば心の脈が強い場合には連翹（れんぎょう）、麦門冬（ばくもんどう）を加えるなどの配合調整を意味する。

◆蝦蟇蠱

蝦蟇蠱は宋の時代には存在が確認されている蠱である。

造蠱の詳細は不明である。少なくとも『隋書』に記載されている「百虫を互いに捕食させる」方法で最後に蝦蟇が残った場合に蝦蟇蠱ができることは間違いない。

また、蝦蟇蠱はカエルの魂が変化してできるという説がある。猫鬼も自然発生的に生まれるという説があったが、それと同じように、蝦蟇蠱も自然発生し、それを蠱師が操るという考え方もあるのだ。

ただし私は、意図的に蝦蟇蠱を作り出す方法が開発されていたと考えている。なぜなら蝦蟇蠱には金蚕蠱と同じ能力があるとされているからだ。

金蚕蠱を作る目的は経済的な利益である。他人の財産を密かに奪うために金蚕蠱が作られているのだ。

蝦蟇蠱にも同じ能力があるとされているのだから、蝦蟇蠱を作り出す方法を発見するために試行錯誤するだけの動機が存在するのである。

金蚕蠱は福建で盛んに作られるという話はすでに紹介したが、蝦蟇蠱も福建が本場だという。

福建と言えば商人の土地である。そのような土地で経済的な利益を目的とした蠱術が盛んなのは、ごく自然な現象であると言えよう。

蠱についての話は人が死んだり奇病に罹るなど、眉を顰めたくなるような話が多いのだが、蝦蟇蠱については、雰囲気が異なる話が残されている。

やはりこれも福建での話である。そしてこの話は、蠱に関する話の中で、私が最も気に入っている逸話でもある。

つね日頃から「俺には怖いものはない」と豪語している男がいた。

ある日、この男が数人の友人たちと一緒に歩いていると、道端に美しい錦の布に包まれた何かが落ちているのを見つけた。

その土地では、こういうことがあれば、それは嫁金蚕《かきんさん》であるというのが常識であったから、友人たちはその錦の布を拾うどころか、視線を向けようともしなかった。

だが男はその錦の布を拾い上げて中を検《あらた》めたのである。

中には銀貨が入っていた。そしてよく見ると蝦蟇が一匹いたのである。

しかし男は「俺が欲しいのは銀貨だけだからお前は立ち去れ」と言って銀貨を懐に入れてしまった。

男が家に戻って事情を話すと、家族は禍を恐れて嘆き悲しんだ。

その夜、男の家に二匹の蝦蟇が現れた。人間の赤ん坊ほどもある巨大な青い蝦蟇である。

しかし男は酒の肴が無いからと言って、二匹の蝦蟇を煮て食べてしまった。その蝦蟇は非常に美味であったという。

次の日の晩になるとまた蝦蟇が現れた。今度は昨晩の蝦蟇より少し小さかったが、十数匹はいたので、やはり煮て食べてしまった。

その次の日も、また次の日も蝦蟇は現れた。現れる度に数が増える。とうとう食べきれなくなり、穴を掘って埋めることにした。

同じようなことがひと月ほど続いたが、突然蝦蟇は現れなくなった。

男にはこれ以上何もおかしなことは起こらず、無事であった。


男は蝦蟇蠱を敢えて拾った。これだけで蠱はその男に禍をもたらすはずである。しかも男は明らかに霊的な存在である巨大な蝦蟇を食べてしまった。しかしそれでも男は無事であった。

なぜこのようなことになったのか。

ある中国人は、当時の蠱術はまだ不完全であり、本来なら大きな禍が降りかかるような場面でも、何も起こらないこともあったのだろうと言っている。

呪術とて、人が行うものであるから、当然、失敗はある。ただ食べられるだけの蝦蟇蠱を作ってしまうこともあるのだ。

おどろおどろしい蠱毒の伝承の中で、この話ほど和まされる話はない。


なお、話の中で豪胆《ごうたん》な男は蝦蟇を食べてしまうが、これは日本人の感覚からすると少し違和感がある。酒の肴に蝦蟇を食べることなどあるのだろうか。

実は、蝦蟇は毒ガエルなので食用には適さない。しかし中国では蛙は今でも一般的な食材である。上海のスーパーマーケットでも生きた蛙が売られているくらいだ。

上手に調理すれば非常に美味である。ただし、もともとのサイズが小さいので肉が少ないのが玉《たま》に瑕《きず》。人間の赤ん坊くらい大きな蛙がいれば、最高の食材になることは間違いない。蛙の味を知っている中国人にしてみれば、この話は羨ましい話に感じられるだろう。

◆蛇蠱

現在の中国で語られている蠱の中で、蛇蠱に関する情報ほど複雑なものはない。蛇蠱がどのようなものか、どのように作られるのか、人によって話が違う。また医学書に記された蛇蠱の記録を見ると、そもそも蛇蠱は一種類ではないのだ。種類が違うと中蠱した場合の症状が異なる。しかし蛇蠱であるという共通性があるため、症状が異なると言っても微妙な違いなのだ。

蛇蠱についての情報が多様なのは、多くの人が蛇蠱の種類を意識せずに全てを「蛇蠱」という大きな枠の中で語るからである。

私の知る限り蛇蠱には少なくとも陰蛇蠱《いんだこ》、生蛇蠱《せいだこ》、三屍蠱《さんしこ》の三種類がある。しかし正確に分類すれば種類はもっと多いはずだ。

初めに現在の中国で明確な分類とは無縁の状況で語られている蛇蠱がどのようなものなのかを紹介しよう。そもそも造蠱の方法が一様ではないことに驚かれるだろう。

旧暦の五月五日に鼠、蛾、蜥蜴、蠍、蜈蚣、毒蜂、馬蜂、藍蛇《らんだ》、白花蛇《びゃっかだ》、青蛇《せいだ》、吹風蛇《すいふうだ》、金《きん》

> 環蛇《かんだ》などの動物を捕獲して甕に入れ、互いに捕食させる。
> 　最後に残った一匹を殺して乾燥させ、黴《かび》付け[15]をする。
> 　これに曼陀羅華《まんだらげ》[16]や頭髪を混ぜて粉にしたものが蠱毒である。
> 　そして最後に生き残った生き物が蛇であった場合には蛇蠱という。

　文中の毒蜂というのは、腐った毒茸が変化して生まれるという伝説をもつ蜂である。吹風蛇は眼鏡蛇《めがねへび》とも呼ばれる毒蛇である。日本ではコブラと言った方が分かりやすいかもしれない。また曼陀羅華は大きな喇叭状の花が咲く有毒植物である。

　この造蠱法は最後に蛇が残った場合にだけ蛇蠱ができるというが、最初に甕に入れる生物の種類から考えれば、ほとんどの場合に蛇が残りそうであるから、実質的には蛇蠱の作り方そのものであると言ってよかろう。

曼陀羅華の図（画像出典：岩崎常正＜岩崎灌園＞著『本草図譜』国会図書館蔵）

　これと部分的によく似た方法として、蛇だけを集めて甕に入れ、互いに捕食させて作るという方法もあると言われている。

　また、四川省には次のような方法も

---

[15] 黴付け：明確な情報はないが、カビが生えるまで放置したのではないかと思われる。

[16] 曼陀羅華：大きな花はいかにも食べられそうに見える。しかし天婦羅にして火を通しても毒は消えない。食べれば確実に中毒するので注意が必要である。

ある。

烏梢蛇《うしようだ》を尻尾を上にして木に吊るし、その下に素焼きの皿を九つ重ねたものを置く。そうしておいて棒で蛇を叩くと、蛇から唾液、血、白い泡が皿に垂れてくる。それらが混じり合った液体が素焼きの皿で濾《こ》されて九番目の皿に溜まる。九番目の皿に溜まった液体だけを乾燥させて粉末にしたものが蛇蠱である。

烏梢蛇は日本語ではカサントウ属と呼ばれるグループに属する蛇である。烏梢蛇は中国に広く分布していて、中国では最も一般的な蛇であるとさえ言われている。体長は二メートルに達することもあるから、かなり大きな蛇である。ただし毒はない。なお、最初の造蠱法の中にも出て来た「青蛇」は烏梢蛇の別名である。

最初の造蠱法は『隋書』の造蠱法を複雑にしたような方法であるが、蛇を痛めつけて汁を集める方法は、全く異質であり、蛇蠱を作る方法には複数の系統があることをうかがわせる。

◇陰蛇蠱

清代の医学書には陰蛇蠱についての記述がある。

残念ながら陰蛇蠱の造蠱法は示されておらず、中蠱した場合の病状と治療法のみが記録されている。


陰蛇蠱に中ると三十日以内に死亡する。

中蠱した当初は嘔吐、下痢が見られ、次に腹が膨らみ、食欲が減退する。

口臭が非常に強くなり、額に熱を持ち、顔は赤くなる。そして頭面部に虫が這ったような隆起ができる。

耳や鼻の中に虫がいるように感じることもある。

腹の中で蛇がうねるような音がすることもある。便は出にくくなる。

陰蛇蠱を混ぜた酒に中ってしまった場合には、腸以外の臓器も黒く染まってしまう。

重症の場合は便が黒くなり、軽症の場合は藍色になる。

解蠱しなければ毒は黒い粒に姿を変える。粒がひとつでもあれば、腹が刺されたように痛む。

粒が十個を超えると、蛇のように内臓を食い破るので下血が始まる。こうなると多くの場合は助からない。

解蠱薬を服用すると毒は便とともに排泄されるが、食べ物の禁忌を破ると腸や肝臓の中に黒い粒が生じ、まるで二、三匹の蛇が腹の中で内臓を食い荒らしているかのような痛みに襲われる。

どこからともなく外蛇《がいじや》が近づいてきて夜眠れない場合には、雄黄の粉末、蒜、菖蒲を臼で潰してお湯を注ぎ、そのお湯で体を清めることで蛇が近づくのを防ぐことができる。

陰蛇蠱を混ぜた茶に中ってしまった場合には、蠱病が癒えるまでは茶を飲んではならない。

満腹になるまで食事をしてもいけないし、生ものや冷たいものを食べてもいけない。また、煎炒《せんしょう》[17]したものを食べてもいけないし、一切の補薬を口にしてもいけない。

雨を避け、手足が濡れないように心がけ、心を平静に保つようにする。


この記述に続いて、体力が低下している場合の注意点、逆に体力が充実している場合の注意点、病気が癒えた後の心得などが記されている。

文中の「外蛇」は生蛇蠱についての記述にも現れるので、まとめて考察しよう。

◇生蛇蠱

生蛇蠱についての記述を見ると陰蛇蠱の場合と重なる部分が多いので、相違点だけを選んで紹介しよう。

[17] 煎炒：多めの油で炒める調理法。

生蛇蠱に中ると、皮膚の下や腹の中に長さ二、三寸の手ごたえのある何かが現れる。夜になってその何かを触ると微かに動く。

その何かは脇腹や胸部を動き回るようになり、それが胸に来ると吐き気をおぼえる。この感覚は常にあるわけではない。食事をすると収まる。
四、五年経つと、その何かが明確な形を持ち、内臓を食い破るようになる。それは亀の形や鼈《すっぽん》の形をしていることもある。
一日に二十回も三十回も噛まれるようになると残された寿命は長くない。噛まれる痛みには頭痛や発熱が伴い、夜間に悪化する。

この時期になってから蠱師が放った外蛇が毛根から体内に侵入する。外蛇は無形の存在であり、その数は知れない。


この記述によって「外蛇」の正体が呪術によって作り出される霊的な存在であることが判明する。

陰蛇蠱も生蛇蠱も体内に侵入した何かが内臓を食い破ってその人を殺す蠱術であることは間違いない。

陰蛇蠱と生蛇蠱では治療方法がわずかに違うので、医師の立場からすれば、このふたつを区別することは重要なのであるが、症状に微妙な違いがあるだけでは、何が本質的な違いなのかはわかりづらい。

ある説によると、陰蛇蠱と生蛇蠱は造蠱法が違うのだ、という。

その説によると陰蛇蠱というのは蛇の死体から作られる蛇蠱であり、生蛇蠱は生きている蛇の邪気なり霊なりを操る蠱術だというのだ。

中国では「陰」は陰間《いんかん》（あの世）、陰宅《いんたく》（墓）など、死後の世界と密接に関わる言葉であるから、陰蛇蠱が蛇の死体から作られ、生蛇蠱が生きた蛇を利用する蠱術であるというのは、言葉のイメージからすれば説得力のある意見である。

◇三屍蠱

雲南省では三屍蠱という蛇蠱が作られているという。現代の中国では、三屍蠱は多数存在する蠱毒の中で最も毒性が強いと言われている。

三屍蠱の元になる「材料」は三種類の蛇だと言われている。その三種類の蛇とは、藍蛇、珊瑚蛇《さんごへび》、白蛇である。

このうち藍蛇と珊瑚蛇は猛毒の毒蛇の名称であるが、白蛇は、白蛇という種類の蛇を意味するわけではない。白蛇はアルビノの蛇一般を指す言葉なのである。つまり突然変異で色素が抜け落ちた蛇なら、種類にかかわらず、全て白蛇なのだ。

三屍蠱を作る場合は白蛇ならどのような蛇でもよいというわけではないらしい。理想的には眼鏡王蛇《めがねおうへび》、すなわちキングコブラのアルビノを用いるとよいという。しかしアルビノの蛇自体が希少であるから、キングコブラのアルビノが手に入る可能性は皆無に等しい。だから通常は何らかの毒蛇のアルビノを用いるようだ。

三尸蠱の詳細な造蠱法は明らかではない。唯一の手掛かりは「五月錬金蚕《ごがつにきんさんをねり》、七月錬三尸《しちがつにさんしをねる》」という古い決まり文句だけである。つまり金蚕蠱は五月に作り、三尸蠱は七月に作るというのだ。

三尸蠱の名前自体は有名であるにもかかわらず、その造蠱法は完全な謎なのである。謎に包まれた部分が多いことによって、三尸蠱はますます不気味で神秘的な印象を持たれているのだ。

さらにその強烈な毒性についての噂が独り歩きしている。

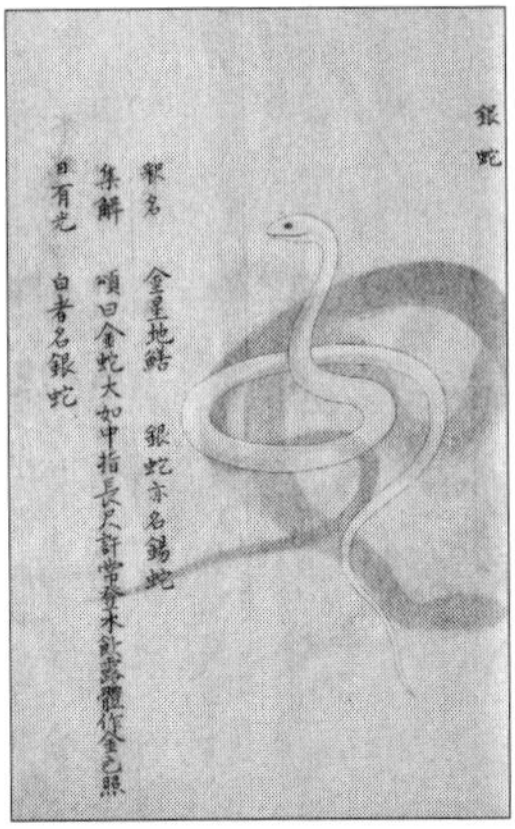

白い蛇の図（画像出典：飯室庄左衛門著『虫譜図説』国会図書館蔵）

三尸蠱は体内に入ると血液を吸い取り、毒液を吐く。この毒のために中蠱した直後から全身の痙攣と毒瘡《どくそう》が現れ、間もなく死亡するというのだ。

命を奪う蠱毒は他にも多数存在する。特に三尸蠱だけが極度に恐れられる理由は、中蠱したときの症状と関係があるのだ。

通常、病気の苦しみは第三者にはわかりにくい。しかし皮膚病は違う。皮膚が毒瘡で覆われるのを見れば、誰でも恐怖に支配され、病気の恐ろしさに戦慄する。

死の苦しみは多くの蠱毒に共通するが、三屍蠱はとりわけ見た目が恐ろしい症状を呈するのである。

◆石蠱

現在の中国では、蠱は何らかの生物から作られるのが一般的であると考えられている。しかしその一方で、無生物から作られる蠱が存在するとも言われている。その代表的な存在が石蠱《せきこ》である。

石蠱の造蠱法については、石に蠱毒を振りかけると石蠱になるという簡単な情報以外に詳しい情報はない。

蠱師は石蠱を路上に放置し、自分だけにその場所がわかるように、その付近の草を結んで目印を作るそうだ。

石蠱を路上に放置しておくと、道を通る人に石蠱が勝手に侵入するという。もちろん実際に石が体に飛び込むわけではない。石に込められた霊気なり邪気なりが通行人に憑りつくという意味だ。

石蠱は体幹部に侵入する場合と四肢に侵入する場合があるという。

体幹部に侵入すると腹の中にしこりのようなものが現れ、三、四か月すると動き始める。何かが鳴くような奇妙な音を発することもあるようだ。次第に便が出なくなり、体は痩せ衰えて、最終的には死亡するという。

四肢に侵入した場合の具体的な症状は不明だが、三年から五年のうちに必ず死亡するそうだ。

清代の医学書[18]にも石蠱の記録があり、現在の中国で語られている石蠱の話は、医学書に記されている記述とほぼ一致する。

医学書には中蠱した場合の治療法も記されている。やはり用いるのは雄黄、蒜、菖蒲である。これらを生のまま噛んでお湯と共に飲み下すと、下痢と嘔吐を経て治るそうだ。ただし治った後も一年から二年くらいは魚介類を食べてはならないとされている。

石蠱のように無生物から蠱を作ることができるのであれば、漢の時代の桐木人《とうもくじん》や、日本の平安時代の人形《ひとがた》、土器《かわらけ》を用いた呪術も、やはり蠱の一種であった可能性が高まる。特に土器を通り道に埋める呪術は、路上に石を放置する石蠱とあまりにもよく似ているではないか。

蠱術の本質は呪物として何を用いるか、呪力を媒介させる動物に何を選ぶかではなく、呪力を生み出すための祭礼や儀式の中にあると見るべきなのである。

[18] 医学書：『験方新編』のこと。

◆癲蠱

明代の医学書『景岳全書《けいがくぜんしょ》』には当時としては異色の造蠱法が記録されていた。その記録をもう一度見てみよう。

毒蛇を殺して草で覆い、上から水を灌ぐ。数日すると菌が生えてくる。
これを粉末にして酒に混ぜて人に飲ませる。
その時は何も起こらないが、次に酒を飲んだ時に毒が回り死亡する。

これと非常によく似た記録が清代の医学書『験方新編』の中に見出せる。

蛇を土に埋め、そこに生えて来た菌で人を害する。
この毒に中ると、意識を失う、めまいがする、精神が錯乱するなどの症状が現れる。
酒を飲むと毒が回り、感情を抑制できなくなる。このような蠱毒を癲蠱《てんこ》という。

文中の「菌」はキノコという意味である。

『景岳全書』には蠱の名前は示されておらず、中蠱した場合の具体的な症状も記録されていなかった。癲蠱は『景岳全書』の時代の医学者にとっては、南方の見慣れない蠱毒だったのだろう。

しかし『験方新編』の中に再び癲蠱の記述が現れ、しかも内容が詳細になっていることから考えると、癲蠱は清の時代の医学者にとっては、かなり身近な存在になっていたと推測できる。

『験方新編』には、さらに奇妙な癲蠱の症状が記録されている。

癲蠱に中ると腹の中から音が聞こえるようになる。
その音は、腹の中からではあるが、内臓の外から聞こえる。
そして解蠱薬を飲むと、その音は内臓の中から聞こえるようになる。

この音の正体が何かは不明であるが、超自然的な何かが体に侵入したことを示唆する話と読むべきであろう。なお、現在の中国でも蛇蠱ほど頻繁ではないが、癲蠱が存在するという話を聞くことがある。しかしそうした事例の多くは、幻覚性の成分を含む植物を誤食し、奇妙な精神症状が現れた事例を中蠱と誤解したものだと言われている。

◆胡蔓草蠱

泥鰍蠱が竹の葉から作られることからもわかるように、植物から蠱を作ることもできる。

植物から作られる蠱の中で最も有名なのは断腸草《だんちょうそう》[19]から作られる胡蔓草蠱《こまんそうこ》であろう。

断腸草は古くから恐れられてきた猛毒である。断腸草を口にすると胃腸が爛《ただ》れ、崩れてしまう。もちろん命は助からない。伝説によると、漢方医学の神である神農は、断腸草を口にしたため、腸が四分五裂して死亡したといわれている。神をも殺す猛毒。それが断腸草なのだ。

漢方医学の神とされる神農の図

その一方で、断腸草は漢方薬としても用いられてきた。清の時代、民間の名医が断腸草を用いて乾隆帝《けんりゅうてい》[20]の疥癬《かいせん》を治療したと言われている。もちろん内服薬ではなく外用薬として用いたのだ。断腸草の猛毒によって、疥癬の原因となる寄生ダニが死滅したのであろう。

明朝末期のころ、広東省香山県《こうざんけん》には断腸草が繁茂してい

[19] 断腸草：実際は断腸草は特定の植物を指す言葉ではなく、いくつかの猛毒植物の総称である。断腸草を科学的に分類すると非常に多くの植物が含まれる。

[20] 乾隆帝：（1711年－1799年）清の第6代皇帝である。自身の健康管理に気を配り、長寿であったことで知られる。

たそうだ。その断腸草を使って蠱毒を作る悪人がいたという。当地では断腸草は胡蔓草《こまんそう》と呼ばれていたので、断腸草から作る植物蠱を胡蔓草蠱という。

胡蔓草そのものが猛毒なのだが、さらにそれを利用して悪人たちが蠱毒を作っていたのである。

ただし地元の医師は胡蔓草蠱を解毒する方法を編み出していたという。その方法は驚くほど単純である。

鶏卵をよく茹でてからすり潰し、これに匙一杯分の油を加えたものを一日に一回服用すれば胡蔓草蠱を吐き出すというのである。

ただし蠱毒が胸部にあるときは胆礬《たんばん》[21]を熱い茶に溶かしたものも服用する。蠱毒が腹部にあるときは鬱金《うこん》[22]を菜湯《さいとう》[23]で煮たものも服用する必要がある。

中国の医学界の常識では断腸草を食べたら命は助からない。従って胡蔓草蠱は断腸草そのものではないのだ。

また、胡蔓草蠱を用いる目的は殺人そのものではないはずだ。もしも単に殺害したいだけなら断腸草そのものを用いればよいからである。

「悪人」が胡蔓草蠱を作っていたというから、解蠱薬と引き換えに恐喝を行っていたか、あるいは胡蔓草蠱には金蚕蠱のような経済的な利益をもたらす特別な呪力があったのかもしれない。

---

[21] 胆礬：銅の化合物（含水硫酸銅）。有毒であるが、外用で皮膚病の治療などに用いた。また毒物を吐き出させるための薬としても用いられた。

[22] 鬱金：日本で知られているウコンのイメージとは異なり、漢方薬のウコンの色は白い。気や血のめぐりを改善するのが基本的な効能である。

[23] 菜湯：野菜スープ。

明代の末期に香山県に赴任した県令は断腸草の恐ろしさを聞いて対策を講じた。住民一人当たり五十本の断腸草を集めるように命令したのだ。

この結果、香山県から断腸草は完全に姿を消したという。胡蔓草蠱の材料が消滅したため、この直後に胡蔓草蠱の造蠱法も廃れてしまったようだ。

◆小結——環境要因が造蠱の多様性を生み出した

多種多様な小動物を集めて造蠱する場合には、最終的にどのような蠱が出来上がるか不確定である。このことが蠱の種類を豊富にしていることは間違いない。しかしそれだけではないのだ。

そもそも造蠱の方法に多様性がある。このことが蠱の種類を複雑にしている。造蠱の方法が多様であるということは、造蠱の流儀が多数あることを意味する。蠱術を伝える家系なり集団なりが、かなり昔に分化し、それぞれの流儀を伝えて来たということだろう。

日本に伝来したのは、中国に存在していた多種多様な蠱術の一部だけだ。その中には石蠱のように無機的な物品に呪力を与える蠱術が含まれていたに違いない。また狐憑きや狗神《いぬがみ》などは比較的大きな動物蠱《どうぶつこ》を操る蠱術の系統に属する可能性がある。

その一方で、日本には小動物を互いに捕食させて蠱を作り出す方法は伝来しなかったか、伝来したとしてもあまり普及しなかったのではないかと思われる。

これにはそれなりの理由がある。

そもそも『隋書』に百虫を互いに捕食させる方法が紹介された時点で、その蠱術は南方各地の呪術であるとされていた。それ以前の中国の記録には狗や猫を用いた蠱術の話が多い。

つまり南方という多種多様な毒虫、小動物がいる環境の中でこそ、百虫を互いに捕食させる造蠱法が発達したと考えられるのだ。このような造蠱法は、中国の北方や日本の風土にはあまり適していないと考えられる。

だからこそ日本の蠱術は中国の古いタイプの蠱術を継承しているのだと言えよう。日本の蠱術については別の章で再び検討する。

第五章

蠱毒からの逃避

◆蠱術への対抗手段

蠱術《こじゅつ》は多くの場合、人を病の苦しみに沈め、命を奪い、さらには財産を奪う。蠱《こ》は恐ろしく邪悪な呪術である。蠱師《こし》は密かに対象を定め、蠱を放つ。蠱は突然罪もない人を襲うのだ。

では蠱術の対象とされる側は、何も対抗手段を持たないのだろうか。

幸いなことに、呪術とは縁のない人たちにも、対抗手段は存在する。

蠱術は非常に古い呪術であるから、蠱から身を守る手段は長い歴史の中で発見され、伝えられてきたのである。

蠱術への対抗手段は大きく分けてふたつある。

ひとつは、蠱に中《あた》らないように避ける方法である。

蠱に中るということは、奇病を発症して苦しむことを意味する。だから蠱病《こびょう》を治療するよりも、最初から中蠱《ちゅうこ》を避けることが望ましい。こうした手段を避蠱法《ひこほう》という。

もうひとつは、蠱に中ってしまってからの対処法である。

避蠱法があるにしても、蠱術は多種多様であるため、中蠱を完全に避けることはできない。蠱毒《こどく》に中った場合には、通常の毒薬に中った場合とは異なり、直ちに命を奪われることは滅多にない。最初に、何らかの病気の症状が現れる。この段階で蠱の呪縛から逃れる手段が解蠱《げこ》法である。

解蠱法は、一見すると、病気の治療法と似ている。しかし蠱病の治療には呪術的な要素が加わるので、純粋な医学的治療とは異なるのだ。

蠱病を通常の病気と同じように治療しても治すことはできない。それどころか、蠱病の進行を止めることができず、患者を死に追いやる結果になってしまうのだ。つまり蠱病を通常の病気と区別することは、生死を分ける重要な問題となる。

蠱病を蠱病と見抜けなければ、解蠱法だけを知っていても意味はない。解蠱法を活かすためには、蠱病を通常の病気と区別する方法が必要になる。この判別法を験蠱法《けんこほう》という。験蠱法も蠱病から逃れるための重要な技術なのである。

この章では避蠱法、験蠱法、解蠱法について概観してみよう。

◆避蠱法

一般的な呪詛が恨みや怒りを晴らすためのものだとすれば、蠱術は非常に特殊な呪術であると言えよう。

蠱師は、自分が作り出した蠱によって自分自身が害されないために、縁もゆかりもない人に対して蠱を放つことがあるからだ。

蠱を放たれる側の事情には全く関係なく蠱が放たれるのであるから、どんな人でも蠱に中る危険性がある。誰からも恨まれることのない「善良な人物であること」は蠱の魔の手から逃れる条件にはならない。

中蠱を避けるためには、呪術的な予防法が必要である。

中国人は、非常に古い時代から、呪術的な手段によって蠱術の影響を避けようとしてきた。

その最も古い例は『周礼《しゅうらい》』に記録されている「庶氏《しょし》」であると言われている。

庶氏は、蠱の呪力を鎮めることを専門に行う役人である。庶氏は「攻説《こうせつ》」[1]と呼ばれる祭礼を行って、蠱を調伏していたようだ。

[1]攻説：詳細は不明だが、太鼓を打ち鳴らし、蠱の邪悪さを糾弾する呪文を唱えて蠱を遠方に追い払う儀式であったようだ。

別の記録もある。

『史記・秦本紀』[2]には、徳公二年[3]の記事として「以狗御蠱《いぬをもってこをぎょす》」という非常に短い記録がある。これは狗《いぬ》を磔《はりつけ》にして蠱の呪力を調伏する呪術であると解釈されている。

蠱毒の災いを避けるために、なぜ狗を磔にしたかについては、いくつかの考え方がある。

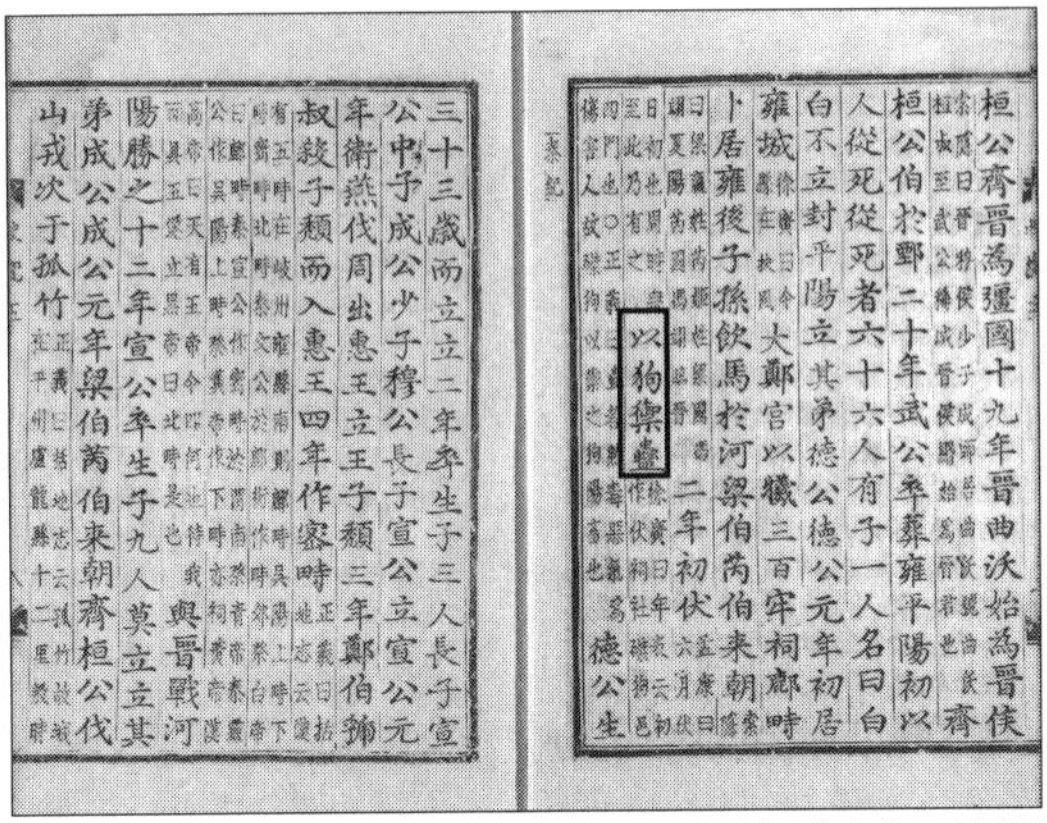

「以狗御蠱」の文字が記された史記の該当箇所（画像出典：司馬遷著『史記』国会図書館蔵）

そもそも狗には、古来、魔除けの力があるとされてきた。その霊力によって蠱の呪力をも制圧することができると考えられていた。これがひとつの説明である。しかし狗を磔にするという血腥《ちなまぐさ》い儀式が行われたのはなぜか。十分な説得力に欠けるようにも思われる。

この他に、次のような説がある。

当時、蠱は「熱毒悪気《ねつどくあっき》」によって人を害すると考えられていた。熱毒悪気は、陰陽理論によれば、陽の性質を持つ邪気である。現代の中国では蠱は陰の世界の存在である

[2] 史記：漢代の歴史家司馬遷（生年没年には諸説ある）が著した歴史書。秦本紀は秦の歴史を記した部分。

[3] 徳公二年：秦の第六代公の治世。紀元前六七八年。

と考えられているが、時代を遡ると、このような解釈も存在したというのだ。

そして狗は古来「陽畜《ようちく》」であるとされてきた。現在でも薬膳理論や漢方理論では狗の肉は陽を強める食材として知られている。

その陽畜を磔にすることで、陽の性質をもつ蠱を畏怖させ、蠱毒の力を滅却したというのである。陽畜を虐待し、残酷に殺すことによって、陽畜と同類の蠱に対して「お前もこうなるぞ」と脅迫したというのだ。

徳公二年と言えば、紀元前七世紀である。人間が生き埋めにされていた焚書坑儒《ふんしょこうじゅ》の時代よりもさらに昔だ。この時代には狗という比較的大きな動物の死体を公共の場に晒すことが違和感なく受け入れられていたのだろう。

しかし、いつまでもこのような殺伐とした避蠱法は存続しえない。その後、避蠱法はもう少し穏便な方法にとって代わられたようである。

漢の時代頃までに成立したとされている『山海経《せんがいきょう》』[4]には蠱の予防方法につながるいくつかの情報が記載されている。

『山海経』には多数の妖怪や怪獣が記録されているが、その中の「九尾狐《きゅうびのきつね》」や「三足鼈《さんそくべつ》」[5]などを食べると、蠱に中らないというのだ。

また狗に似た怪獣である「谿辺《けいへん》」の皮を敷物にすると、やはり中蠱しないという。

これらの記載は、怪獣や妖怪の呪力によって、蠱の毒性が無効化されることを示して

[4]山海経：山海経は中国最古の地理書である。ただし妖怪や怪獣が多数紹介されており、現在の我々が考える地理書とは様相が異なる。神話的な世界観を記した書物と考えたほうがよいかもしれない。作者は不明である。一説には紀元前4世紀から3世紀頃にかけて加筆を重ねながら成立したものであるという。

いる。

九尾狐や三足鼈などの怪獣は、実際には存在しないではないかと思われるかもしれないが、ここで注目すべきは、生き物に具わる霊力で蠱の呪力を制圧するという、呪術的な発想である。つまり、怪獣を食べて蠱を避ける方法は、狗を磔にして蠱を避ける方法の延長線上に位置するのである。

この延長線を更に伸長させた先に、明代の医学書の記載がある。『景岳全書』によると、幼いころから猫の肉を食べていると蠱毒に中らないというのだ。

九尾狐の図（画像出典：明王圻纂集『三才圖會』国会図書館蔵）

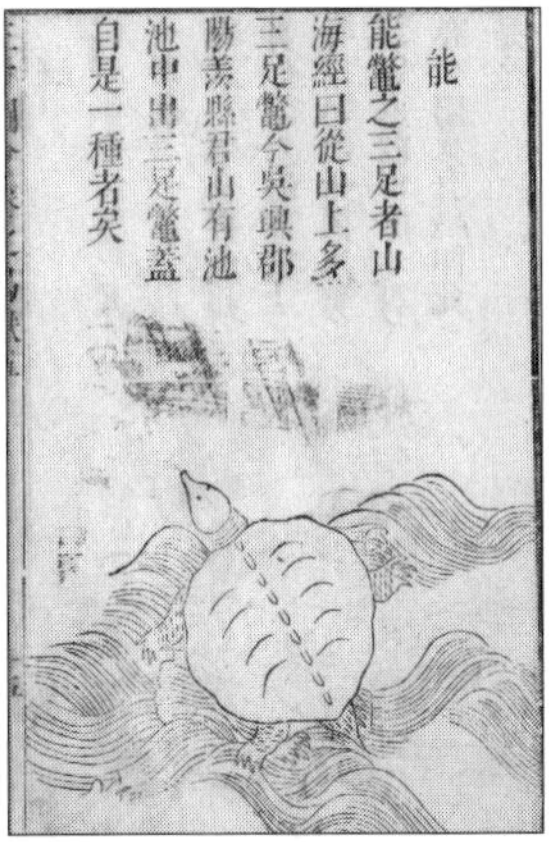

三足鼈の図（画像出典：明王圻纂集『三才圖會』国会図書館蔵）

猫が霊的な力を具えた動物であるという観念は日本にも広く存在する。中国でも同様であり、猫には特別な霊力があると考えられている。

蠱の歴史を振り返れば、猫は猫鬼《びょうき》にもなりうるのだが、その霊力は蠱を制圧する力

[5]三足鼈：足が三つしかないスッポンのこと。

も備えている。『本草綱目《ほんぞうこうもく》』に「蠱は蠱で治療する」とされていたことを思い出して欲しい。

猫は己自身が蠱になりうると同時に、蠱を制圧する能力をも具えているのだ。

しかし現在の中国では狗を食べる地域は限られているし、猫を食べる人はさらに少ない。食事で蠱を避ける方法は現実的ではなくなっている。

◇避邪物

幸いなことに、霊力を具えた動物を食べなくても、蠱を避けることは可能である。中国では昔から避邪物と呼ばれる魔除けの品を携帯することで、蠱の害を避けることができるとされている。

避邪物によって禍を避ける習慣は、現在でも中国人の生活に浸透している。

中国でよく見かける桃の図案は、桃が古来、魔除けの霊力を具えた神木であると考えられてきたことの反映である。

また中国人が好む玉石《ぎょくせき》も避邪物である。玉は単なるアクセサリーではないのだ。玉を携帯することで邪気を避けることができるからこそ、中国では他の国とは比較にならないほど玉の需要が旺盛なのである。

蠱の害を避けるための避邪物として頻繁に耳にするのは犀角《さいかく》である。

犀角は、文字通りサイのツノであり、高価な漢方薬として知られているが、それだけではないのだ。

中国では古くから犀角には特殊な霊力があると考えられてきた。それは目に見えない魑魅魍魎の存在を暴き出す作用だ。

例えば『晋書《しんじょ》』[6]に次のような話がある。

東晋の時代のこと。

長江南岸の牛渚磯《ぎゅうしょき》という所に水深が非常に深いところがあり、そこに妖怪が住んでいるとの言い伝えがあった。

ある役人が見に行き、犀角を燃やした火で水の底をのぞくと、赤い衣を着て馬に乗っている妖怪など、奇怪な姿かたちをしているものが見えた。

その夜、役人は夢の中で「犀角の火で怪異を照らしてはならない」と告げられた。

役人は街に戻ってしばらくすると中風《ちゅうぶ》[7]で死んでしまった。

犀角の図（画像出典：王継先編『紹興校定経史証類備急本草』国会図書館蔵）

[6]晋書：晋書は唐太宗（598年－649年）の勅命により編纂された晋（265年－420年）の時代を記した歴史書。

[7]中風：中風とは脳梗塞や脳出血に相当する病気およびその後遺症である。

この故事から「燃犀《らんさい》」という言葉が生まれた。奸計を見抜くとか、物事を正確に洞察する、という意味である。

犀角は水底に潜む魑魅魍魎を可視化するだけではない。蠱毒を混ぜた飲み物を犀角で掻き回すと、白い泡ができるのである。

だから蠱術が盛んな土地に旅に出るときには犀角を携帯し、犀角を使って飲み物の安全を確かめてから口にすることが推奨されていたのだ。

ただし犀角は非常に高価な品である。しかも現在ではサイは保護動物であるから、犀角を合法的に入手することは不可能に近い[8]。

しかし悲観する必要はない。

誰でも手軽に入手できて、しかも蠱に対して効果的な避邪物がある。それはニンニクである。

中蠱する危険性がある土地に入る前にニンニクを食べると蠱の害を避けることができると言われているのだ。ニンニクは医学書の中では蠱の治療薬として頻繁に登場する。

確かに漢方薬としてのニンニクには優れた薬効があるが、蠱の治療に使われる場合は薬効ではなくニンニクに具わる霊力を利用しているのだ。

さらに別の方法もある。

蠱は多くの場合、飲食物を介して人の体に入る。だから食事をするときが一番危険な

---

[8] 犀角を合法的に入手することは不可能に近い：他にも玳瑁（ウミガメ）の甲羅が蠱毒を避ける避邪物とされているが、現在では玳瑁もやはり入手困難である。

のだ。そこで食事をするときの心得や注意点が医学書[9]にも記されている。

例えばあまりにも清潔な家で食事をしてはならないとされている。蠱は潔癖であるから、塵ひとつなく整理整頓された家は蠱師の家である可能性が高いのだ。また、蠱師の家には蜘蛛の巣がなく、蟻の巣もないと言われている。

だから清潔で虫の巣がないような所では食事をしてはならないのだ。

ただし食事の中に蜘蛛の糸が入っていたら蠱毒を盛られている可能性が高いとの説もある。蜘蛛は蠱師に寄りつかないが、蠱師のほうでは蜘蛛を利用することがあるということだろう。

蠱を避けるための心得はこれだけではない。

箸で食器を叩くような仕草は蠱を放とうとする準備だとされている。このような挙動を見かけたら直ちに「蠱を放つつもりではないでしょうね」と声をかけるべきだというのだ。

蠱師は自分が蠱を放つことを隠している。他人に知られると蠱の害が蠱師自身に及ぶからだという説もあれば、蠱師だと知られると世間の爪はじきにされるからだという説もある。理由はともかく蠱師は秘密を知られることを極度に恐れるので、疑惑を感じていることを明確に告げると、蠱を放たないと言われているのだ。

また、次の呪文を食事の前に心の中で七回唱えれば中蠱を避けることができるとされ

[9]医学書：『景岳全書』のこと。149ページの「[8]張景岳」の註を参照。

ている。この呪文の意味を詮索しても答えは得られない。音そのものに呪力があるのだ。

姑蘇琢《ぐうすずお》　磨耶琢《もおいえずお》
吾知蠱毒生四角《われはしるこどくによんかくがはえていることを》
父是穹窿穹《ちちはちょんろんちょん》　母是舎耶女《はははさあいえに》
眷属百千万《けんぞくはひやくせんまん》　吾今悉知汝《われはいまなんじをことごとくしる》
摩訶薩《まはさ》　摩訶薩《まはさ》

中蠱の予防薬もある。

クワイ[10]を薄切りにして乾燥させ、それを粉にしたものを携帯する。毎朝、この粉を熱湯に溶いて飲むと、中蠱しないという。

クワイの粉はデンプン質であり、熱湯で溶くと葛湯のようなものができる。これはニンニクをそのまま食べるのに比べれば格段に美味である。ただし効果はその日限りのようだ。

飲酒についての注意もある。

蠱術が盛んな土地で外食するときには酒は控えたほうがよい。飲酒しながら蠱に中ると重症になるからだ。

---

[10]クワイ：中国のクワイには大きく分けて二種類ある。ひとつは馬蹄と呼ばれる扁平なもので、もうひとつは慈姑と呼ばれる球形のクワイである。中蠱の予防薬になるクワイは、馬蹄のほうである。

食事に接待されたときの心得もある。

中蠱を避けるには、先に主人が箸をつけたものだけを食べるようにすればよいという。

しかし接待の席で主人を疑うような態度をとれないこともあるだろう。

蠱毒が入っている可能性がある食事をどうしても食べなければならない場合には、最初に箸をつけた部分を食べずに密かに手に握り、隠しておく。その後はいくら食べても問題ない。

食事の後で隠しておいた食べ物を十字路に埋める。食事に蠱が含まれていた場合には、こうすることによって蠱は蠱師の家に戻り、蠱師に禍をもたらすそうだ。

さらに現代中国には最初に箸をつけた部分を食べずに脇に置いておくだけでも中蠱を避けられるという話もある。

以上は、蠱術の盛んな土地に行く場合に中蠱を避ける方法であるが、現地に住んでいる人が蠱の害を避ける方法も語られている。

南の海に石首《せきしゅ》[11]という魚がいる。この魚には魚枕《ぎょちん》という骨がある。その形は篆書《てんしょ》で書いた「丁」の字に似ているという。

福建省の人は魚枕を使って立派な食器を作るそうだ。

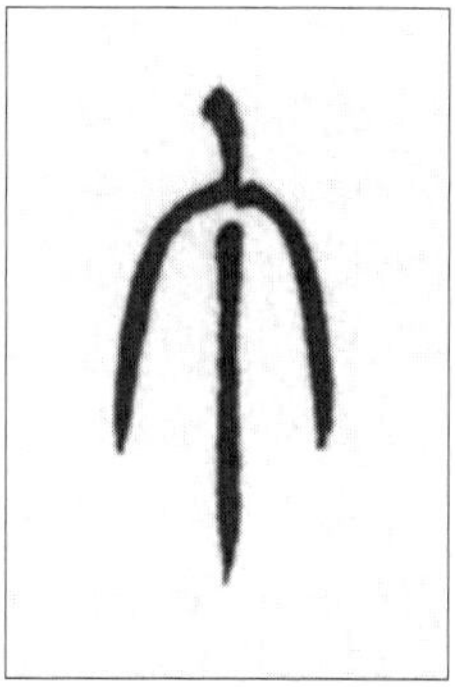
篆書の「丁」の字(画像出典：綿引滔天著『総合 篆書大字典』二玄社 2010)

[11] 石首：スズキ目の魚の総称。中には150センチを超える巨大なものもいる。

この魚枕で作った食器に蠱毒を含む食事を盛ると器が割れる。だから魚枕の食器は中蠱の予防に役立つのである。

蠱はいつも食事に混入しているとは限らない。蠱の実体は霊的なものであり、どこからともなく近づいて来る不気味な存在だからである。

それが家の中に侵入しないようにする方法がある。

建材の隙間に卵の殻を詰めて塞ぐと蠱はその家に侵入しないという。

卵には蠱と感応する特殊な性質があるらしく、蠱毒を検出するためにも使われている。

このことについては蠱病の判別法を紹介する際に詳しく述べよう。

◆験蠱法

蠱病は通常の病気とは異なる。

通常の病気は医師が治療するが、とりわけ現代の中国では蠱病は呪術師でなければ治せないと考えられている。

もちろん清の時代までは、呪術師だけではなく、医師も蠱病を治療していた。ただし蠱病を通常の病気と同様に治療していたわけではない。蠱病の患者には必ず蠱病の治療法を用いなければならないとされていた。そうしなければ患者は死亡する。そのように明言する医学書もあるくらいだ。

蠱病を治療する大前提として、蠱病を蠱病と見抜くための知識や方法が必要であることは言うまでもない。

だから古い医学書には蠱病の判定法が記録されているのだ。

東晋時代、つまり四世紀ごろに記された『肘後備急方《ちゅうごびきゅうほう》』[12]という医学書がある。『肘後備急方』は中国人初のノーベル賞受賞者である屠《と》女史がマラリア治療薬アルテミシニンを発見する手がかりとなった書物であることから、中国ではもちろん、日本の医学界で

---

[12] 肘後備急方：晋代の医師である葛洪（かっこう）（283年―343年）の著作。天然痘の症状や伝染性を記した最古の医学書としても知られている。

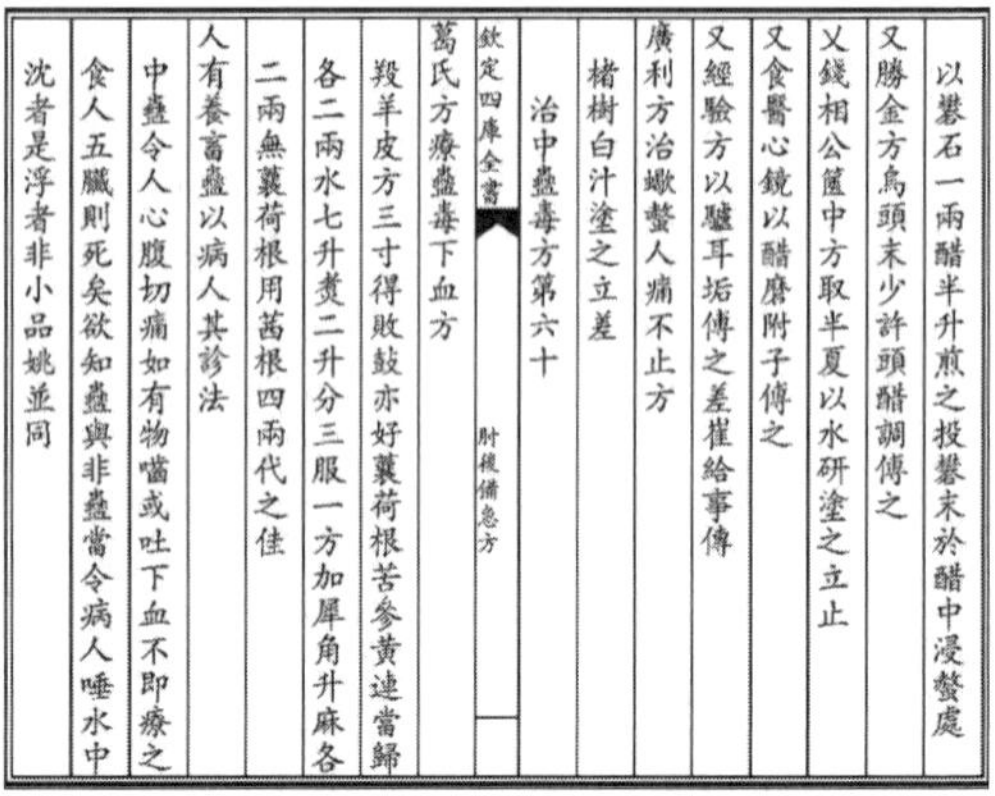

以礬石一兩醋半升煎之投礬末於醋中浸螫處
又勝金方烏頭末少許頭醋調傅之
又錢相公篋中方取半夏以水研塗之立止
又食醫心鏡以醋磨附子傅之
又經驗方以驢耳垢傅之差崔給事傳
廣利方治蠍螫人痛不止方
楮樹白汁塗之立差
治中蠱毒方第六十
欽定四庫全書　肘後備急方
葛氏方療蠱毒下血方
羖羊皮方三寸得敗鼓亦好蘘荷根苦參黃連當歸
各二兩水七升煑二升分三服一方加犀角升麻各
二兩無蘘荷根用茜根四兩代之佳
人有養畜蠱以病人其診法
中蠱令人心腹切痛如有物囓或吐下血不即療之
食人五臟則死矣欲知蠱與非蠱當令病人唾水中
沈者是浮者非小品姚並同

『肘後備急方』の蠱について書かれたページ

も広く知られている漢方の古典である。『肘後備急方』には患者の唾液を水に入れて、沈む場合は蠱病であり、浮く場合は蠱病ではないと記されている。

この判定法は中国医学史上、非常に影響力があった『千金翼方《せんきんよくほう》』[13]、『外台秘要《げだいひよう》』[14]などの医学書にも記されている。

さらに現在でもこの蠱病判定法は使われているというから、唾液による判定は中国では最も歴史が長く、最も有名で、しかも手軽な験蠱法なのだ。

多くの医学書には細かな指示はないので、碗に水を汲んで患者の唾液を垂らせばよい。ただし、宋代の『聖済総録《せいさいそうろく》』[15]のように、朝一番に汲んだ井戸水を使い、食事をする前の唾液を使って判定しなければならないとする医学書も存在する。『聖済総録』によれば、唾液が柱のような軌跡を描きながら水中に沈めば蠱病である。水に沈んでも底に至るまでに広がってしまえば蠱病ではないそうだ。

[13]『千金翼方』：唐代の医師である孫思邈（そんしばく）の著書。

[14]『外台秘要』：唐代の官僚であり、学者であった王燾（おうとう）が編纂した医学書。

[15]聖済総録：北宋の第8代皇帝徽宗（きそう）（1082年―1135年）の勅命で編纂された医学書。医学のあらゆる分野を網羅した大著であり、「宋代の医学全書」とまで呼ばれている。

唾液による判定法と同様に、手軽に判定できる方法が他にもある。それは豆を使った判定法である。豆を使う判定法には二種類ある。

ひとつは豆を口に含み、豆の皮が自然に破れたら蠱病であり、皮が破れなければ蠱病ではない、という判定法である。もちろん口に含んだ豆は噛んではならない。皮がふやけて自然に破れるかどうかで判断するのだ。

もうひとつは、生のまま豆を食べさせて、どのような味がするかを訊ねるという方法である。

通常、生のままで豆を食べると、美味とは感じない。しかし蠱に中った人はおいしいと感じるのだ。

多くの医学書には、豆の皮が破れるかどうかで判断すると書いてあるが、現代中国では味の感じ方で判定するという話が多い。日本のＮＨＫに相当するＣＣＴＶの番組でも、蠱病の判定に生の豆を食べる方法が紹介されていた。

口に入れたものの味で蠱病を判定する方法は他にもある。ミョウバンを用いる方法だ。ミョウバンは日本でも茄子の漬物を作るときに発色をよくする食品添加物として知られている。

ミョウバンそのものの味は決しておいしいなどと言えたものではない。しかし蠱に中るとミョウバンを甘いと感じるようになるという。

医学書にも記録されていて、さらに現代の中国でも頻繁に耳にする判定法がもうひとつある。それは鶏卵を使った判定法だ。しかしこの判定法については様々な話があり、人によって少しずつ内容が異なる。

医学書[16]には、例えば次のように記されている。

卵を茹でて殻をむき、患者に歯形をつけさせる。
この卵についた歯形を屋外で見る。
もしも歯形が黒く変色していたら蠱病である。

現代中国では、口の中に入れたゆで卵を取り出して観察し、白身の部分に黒く変色した箇所があれば蠱病であると言われている。

また、ゆで卵に銀の簪《かんざし》を刺して口に含み、銀の簪が黒く変色した場合は蠱病であるという話もある。

さらに病気で痛む箇所に生卵を置いて転がし、その生卵を茹でることで蠱病を判定する方法もある。茹で上がった卵の殻をむいて、虫食いのような穴があったら蠱病だと判断するのだ。

このように、卵には蠱と感応する性質があるとされている。

---

[16] 医学書:『聖済総録』。230ページの註参照。

卵に霊的な性質があるというのは、日本では馴染みのない考え方かもしれない。しかし卵というものは実に不思議な存在である。

石ころのように無機的な形をしているものが、生命を生み出す力を具えているだけでも驚嘆すべきである。しかしそれだけではなく、中国の少数民族の思想の中には卵の殻、白身、黄身が天、地、その他一切を象徴するという観念が存在するというのだ。

大自然に囲まれて農業を営む人々にとって、卵ほど神秘的な存在はないのだ。そのような神秘的な存在が、蠱の霊的な磁場に反応するのは、むしろ当然のことなのかもしれない。

貴金属を使う判定法もある。

金を使うという話もあるが、銀器を使うという話のほうが圧倒的に多い。

患者が銀器を口に含み、黒く変色したら蠱病である。また蠱に中ると皮膚の一部が黒く変色することがあるらしい。それが蠱病なのか別の病気なのかを判定するためには、皮膚が黒くなったところに銀の針を刺し、針が変色した場合は蠱病であると判断する。

また植物を使った判定法もある。

芭蕉という植物をご存知だろうか。芭蕉はバナナと同じ仲間の植物である。木のようにも見えるが、幹は柔らかく簡単に切れる。その切り口は、玉ねぎを横に切ったように見える。

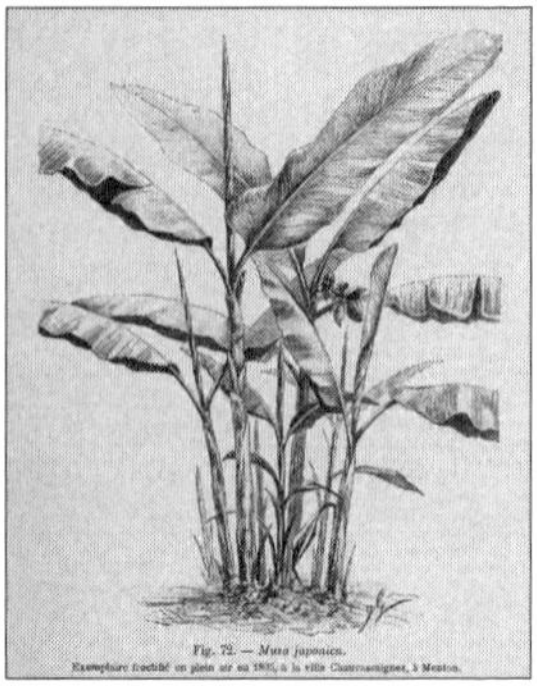

芭蕉の木。この幹の切り口を患者に舐めさせて蠱毒かどうかを判定する

芭蕉を切ると、切り口の中央から芽が伸びてきて元の姿に再生する。

しかし、蠱に中った患者が切り口を舐めると、芽は出てこない。この性質を利用することで、蠱病の判定ができる。もちろんバナナでも判定が可能だ。

さらに宋の時代には、白鳥の皮を患者の床の下に敷き、患者の病状が悪化した場合は蠱病であるという判定法もあった。しかしこの方法は現代の中国では使われていないようだ。

以上のように、蠱病は様々な方法で判別できる。

これらの判別法の中で手軽に試すことができるのは、生の豆を食べさせて、どのような味がするか訊ねる方法か、唾液を水の中に垂らす方法である。

便利な方法が発見されると、その方法が流行するのは当然である。現在の中国では生の豆を食べさせる話が圧倒的に多い。

不思議なことに現代中国では唾液を使う方法はあまり語られていない。豆による判別法に比べると、唾液を使う方法は精度が低いのかもしれない。

病状から蠱病を見抜く方法もある。

豆を使う簡単な判別法があるのだから、蠱病の病状を詳しく知る必要などないように思われるかもしれないが、そうではない。

現在の病院でも、検査は何らかの病気の疑いがあるから行われるのだ。例えばアレルギーの疑いがある患者だからIgE[17]を調べるのであって、便秘の患者にはこのような検査は行わない。

蠱病も同じである。

医師は全ての患者について蠱病の判定を行うのではなく、蠱病かもしれないという疑いを持ったときに、初めて蠱病の判定を行う。だから蠱病の判定法だけではなく、蠱病の特徴を知らなければならないのだ。

蠱病の一般的な特徴は、強烈な腹痛、または胸部の痛みである。多くの医学書は切痛[18]、絞痛《こうつう》[19]、懊痛《おうつう》[20]、刺痛《しつう》[21]などの表現でその激烈さを表現している。その痛みは体の中に何かがいて内臓を噛んでいるようだと表現されることもある。

また、嘔吐、下痢、さらに吐血、下血も蠱病を疑わせる症状である。

例えば『諸病源候論』には猫鬼に中ったときの症状として「胸と腹が刺されるように痛み、吐血下血して死ぬ」と記されている。

吐血、下血も頻繁に現れる蠱病の症状である。医学書の中にはわざわざ「蠱による吐血」あるいは「蠱による下血」という項目を設けて治療法を示しているものもあるくら

---

[17] IgE：免疫グロブリンの一種。ある種の抗原（こうげん）に対するアレルギーの有無を調べるためにIgEの値を検査する。

[18] 切痛：切られるような痛み。

[19] 絞痛：絞られるような痛み。

[20] 懊痛：もだえるような痛み。

[21] 刺痛：刺されるような痛み。

いだ。

この他にも、日光を避けるようになる、鼻先や唇に裂傷ができる、体内または体表を虫が這うような感覚が生じるなどの症状が伴うことがあるとされている。

また、蠱病の患者の頭の上には光が見え、手を近づけると非常に熱く感じるという記録もある。

さらに家族などの身近な人が蠱病に罹っていた場合は、その影響で蠱に中ることもあるとされている。この現象を「蠱注《こちゅう》」という。

だから医師は、問診の際に、その患者の病状だけではなく、家族や親しい人たちの健康状態についても訊ねなければならないのだ。もちろん現代の医師もそうするように教育されている。

◇『洗冤集録』

ここまで蠱病の治療に先立つ判別法を紹介してきたが、かつて中国ではもうひとつ、蠱病の判定を必要とする場面があった。それは検視の時である。

中国では早くも宋の時代には、変死体を発見した場合に検視を行い、死因を特定することが要求されていた。

当時の中国では、蠱毒による殺害は当然ありうるとの前提で、刑事司法制度が運営されていた。だから、刑事司法を担当する官僚には、変死体を検視し、それが蠱毒による呪殺であるかどうかを判断できるだけの知識が要求されていたのだ。

　蠱殺の判定法は、世界最古の検視の専門書である『洗冤集録《せんえんしゅうろく》』の中に記されている。『洗冤集録』は南宋時代の刑事官僚である宋慈《そうじ》[22]の著作である。

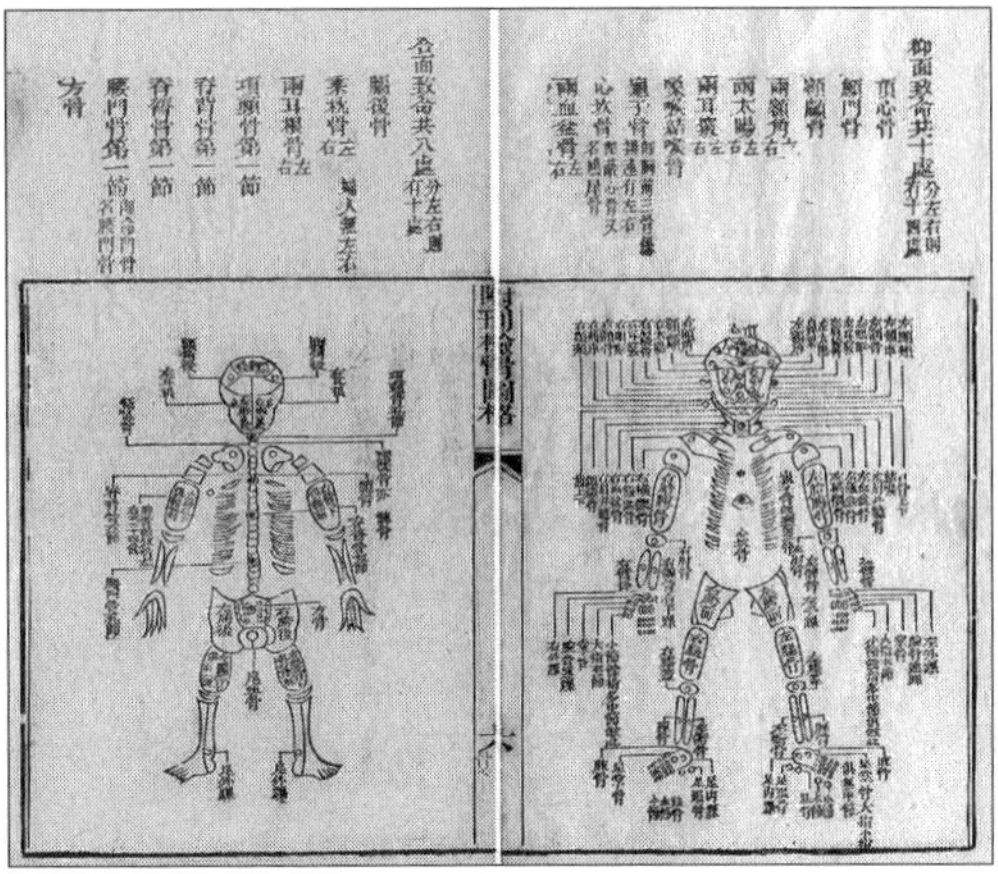

『洗冤集録』の人体各部の名称を示したページ

　宋慈は、日本では知名度の高い人物とは言えないが、中国ではテレビ時代劇の主人公としても知られる有名な歴史的人物である。当時の官僚の常として、医学に造詣が深く、また無実の人たちが処罰されるのを見過ごせない正義感と慈悲の心をもつ偉人として人気が高い。

　官僚としての宋慈は、盗賊の取り締まりなどを担当していたので、日本で言えば大岡越前や長谷川平蔵のような存在である。『洗冤集録』に記されているのは、正確には金蚕蠱《きんさんこ》で蠱殺された死体の判別法である。金蚕蠱が盛んな土地は福建であった。

[22]宋慈：宋慈（１１８６年—１２４９年）は南宋時代の官僚である。唐の時代から続く名門の生まれであり、官界の暗黒面を十分に理解していた。当時は罪なき人が冤罪で処罰される例が多く、宋慈はそのことに心を痛めていたようである。死因鑑定法を記した宋慈の著作『洗冤集録』の「洗冤」とは、冤罪（えんざい）をはらすという意味である。客観的な事実により死因を特定することが冤罪の防止に役立つと考えたようだ。この著作により宋慈は「法医学の父」と呼ばれている。

宋慈の故郷も福建であり、官僚になってからの主要な赴任地も福建であった。宋慈にとって金蚕蠱は幼少期から身近な存在であり、実際に金蚕蠱による蠱殺事件を扱った可能性もある。

『洗冤集録』によると、金蚕蠱に中った死体には次のような特徴があるという。

体は痩せ衰えていて、肌は黄白色を呈する。眼窩《がんか》は落ち込み、歯は露出する。上下の唇は収縮し、腹は凹む。銀の針を口に含ませると黄色く変色し、洗ってもその色は落ちない。

体が膨張し、火傷のように水膨れができ、膿が溜まり、舌の先、唇、鼻の頭に裂傷ができている死体も金蚕蠱に中ったものである。

死体は、ある場合は痩せ衰え、ある場合は膨張する。このように無定形なところが、通常の病死体や毒殺死体と異なる点である。

金蚕蠱は財産を奪うための手段であった。このような悲惨な死に方をした上に財産を奪われるのであるから、金蚕蠱が非常に恐れられていたことは当然であり、刑事司法の担当者としては蠱殺を見抜き、強く禁圧する必要があったのだ。

◆解蠱法

現代の中国には「解蠱できるのは、その蠱を放った蠱師だけである」という観念がある。古い資料には、このことを明確に示す記述はないが、この観念は古くから存在していたようだ。

多くの医学書には様々な解蠱法が記録されているが、それでも蠱を放った蠱師が誰なのかが分かれば、その蠱師に解蠱を依頼することが最も確実な救命法であると考えられていた形跡もある。

しかし蠱を放った蠱師を探し出すことは容易ではない。そもそも蠱師は秘密裏に蠱を放つからである。

ところが、この難題を解決する方法が、医学書[23]に記録されているのだ。

敗鼓皮《はいこひ》[24]を灰にして蠱病の患者に服用させると、患者は直ちに蠱師の姓名を呼ぶ。

蓮の葉を密かに患者の床の下に敷くと、患者は蠱師の姓名を呼ぶ。

---

[23] 医学書：『肘後備急方』のこと。詳しくは229ページの註参照。この方法は、かなり多くの医学書に載っているが、肘後備急方が一番古そうである。

[24] 敗鼓皮：敗鼓皮は、やぶれた太鼓皮である。奇異に感じるかもしれないが、敗鼓皮は医学書の中に度々登場する漢方薬である。

誰が蠱を放ったか知らないはずの患者が、突然蠱師の名を告げる。これは非常に奇妙な現象だ。

狭い村落共同体の中では、自分に蠱を放ちそうな人物が誰なのか、深層心理では理解している。だから催眠や暗示を利用することで、その意識を顕在化させれば、加害者を特定できる。患者に蠱師の姓名を告げさせる医術は、暗示や睡眠の一種に違いない。現代人なら通常は、このように考えるだろう。

しかし暗示や催眠がこの現象の本質ならば、患者に気付かれないように「密かに」蓮の葉を敷くというのはおかしい。また、暗示や催眠の効果を高めるための何らかの注意書きがないのも不自然だ。

やはりこの現象を現代の常識で理解することは不可能なのである。

蠱を放った人物が誰か判明したとしても、その人物の居場所まで特定できるとは限らない。また、その人物に依頼しても解蠱に応じるとは限らない。

だから蠱師を特定する方法があるにもかかわらず、蠱師の呪力に頼らずに蠱病を治療しなければならないことが多かったようだ。その証拠に、中国の歴代の医学書には蠱病を治療する方法が多数記述されている。

その大半は薬による治療であるが、灸治療や呼吸法、さらには呪術による解蠱法も存在する。

明らかに呪術的な治療法としては、右手に刀を持ち、左手に雄鶏を持って患者の家の門前に立ち、蠱に立ち去るよう要求する言葉を述べてから、鶏の血を酒に加え、これを患者に飲ませるという方法がある。

灸による治療はかなり手軽である。

患者の両足の小指に灸を施すと、酒を飲んで中蠱した場合は酒と一緒に、何かを食べて中った場合は、その食べたものと一緒に蠱が出てくるというのだ。この方法は蠱の種類を問わず、効果があるそうだ。

次のような呼吸法も効果がある。

上向きに寝て、目を閉じ、呼吸を止め、丹田に意識を集中させる。
その後、鼻からゆっくり腹の底まで息を吸う。
これ以上吸えなくなったら、ゆっくりと息を吐く。
このとき音を立ててはならない。
これを疲れて汗が出てくるまで続ける。
この呼吸法を病気が治るまで続ける。

漢方薬による治療法は、実に千差万別である。蠱病一般に効果があるとされる薬もあれば、猫鬼、蛇蠱《だこ》、蝦蟇蠱《がまこ》など、特定の蠱病に特化した薬もある。

蠱病一般に効果がある薬があるなら、なぜ特定の種類の蠱に特化した薬があるのか、不思議に思われるかもしれない。しかし薬とはそういうものなのだ。

例えば、風邪を引いたときに薬局に行けば、総合感冒薬を買うことができる。ところが病院に行くと、総合感冒薬ではなく、解熱剤や抗アレルギー剤など、患者の状態に最も適した薬が処方される。

これと同じように、蠱の治療薬には幅広い選択肢が用意され、治療法は洗練されていたのだ。このことも、蠱病が伝説や架空の存在などではなく、過去の臨床現場で頻繁に目にする病気であったことを如実に示している。

解蠱薬の多くは、現在でも使われている漢方薬の組み合わせであることが多い。

言うまでもなく、雄黄、菖蒲、蒜、犀角、麝香《じゃこう》[25]などのように、漢方薬であると同時に避邪物である薬は頻繁に登場する。

また動物の脂や血液が使われることもあるが、こうした薬は動物の呪力を借りることで蠱毒を制圧する呪薬であると言えよう。

極端な場合には「旧暦の十二月に死亡した猫の頭部を焼いて灰にしたもの」を薬として用いる例がある。これは猫鬼に中った患者を治療するための薬だ。『本草綱目』の中で、同類の呪力が同類の呪力を抑制するという観念が示されていたが、これはその一例

[25] 麝香：麝香は雄のジャコウジカから採取される分泌物である。麝香は有名な香料(ムスク)であるが、中国では気の巡りを改善する薬としても知られている。また『神農本草経』(1章で紹介済み)によれば蠱毒の解毒にも効果がある。

である。もちろん蠱虫《こちゅう》を焼いて炭にしたものも解蠱薬になる。

以上は全て中国の古い医学書に記録された蠱病の治療法である。

現代中国でも蠱病の治療法が語られているが、最も頻繁に語られているのは卵を使う解蠱法である。

それは、例えば次のような方法である。


生卵に針で小さな穴を開け、その卵を患者の体の上で転がす。

一日に二、三回繰り返し、それを二日から三日続ける。

その後、卵を茹でて殻をむくと、黄身が黒くなっている。

この卵を焼き捨てると蠱病は治る。

もし治らなければ治るまで同じことを続ける。


卵を使う解蠱法は他にもある。

卵を茹でて半熟状態にする。

その卵をさらに焼いて熱くしたものを患者の体の上で転がす。

このとき殻が割れると効果がないので注意する。

茹で卵を焼いて転がし、冷えたらまた焼いて転がす。

これを患者の全身の肌が熱で赤くなるまで続ける。

この施術が終わったら、患者の体を塩水で拭く。

施術に使った卵は決して食べてはならない。

これを朝晩一回ずつ、病気が治るまで続ける。


現代の中国では、卵で蠱病を治療するという話が非常に多い。具体的な方法を調べてみると細部は話す人によって異なる。しかし大筋は似ている。

卵は、患者を苦しめる蠱に感応して、奇怪な様相を呈する。それは色の変化であったり、虫食い状の穴であったりする。

そして卵は患者の体から蠱の邪気を吸い取り、患者の容体を改善する。あたかも卵が患者の身代わりになるかのように。

卵はそれ自体がひとつの生命体である。だから蠱毒を引き受ける能力を具えているのだろう。

また、現在の中国では、中蠱した場合には呪術師に解蠱を依頼することも多いようだ。

中国の特に農村には、風水先生や仙娘《せんじょう》などと呼ばれる呪術師が現在でも存在する。こうした呪術師たちは、それぞれが、解蠱の呪法を心得ていると信じられている。その方法は呪術師ごとに異なり、またその能力には差があるとされている。中蠱してしまった場合には、優れた呪力を持ち、解蠱が得意な呪術師に依頼するのが理想的である。

その一方で、蠱師の呪術にも巧拙があるとされている。

蠱師の能力が貧弱であれば、その蠱毒を破るのはたやすく、能力が低い呪術師でも簡単に解蠱できる。しかし蠱師の能力が高い場合には、それ相応の呪術師でなければ解蠱できないというのだ。つまり解蠱は、蠱師と呪術師の呪力の鬩《せめ》ぎ合いなのである。

かつての日本で安倍晴明と蘆屋道満《あしやどうまん》が人知れず呪力を戦わせていた状況が、現在の中国には、いまだに存在するのである。

第六章

日本の蠱術

◆日本に伝播した蠱毒

かつて日本は、多くの知識を中国から学んだ。

密教、暦法、律令、官制、医学。こうした国家の根幹を支える多くの知識を輸入していたのだ。

現代の我々の感覚からは想像もできないが、遣隋使や遣唐使が派遣されていた時代には、呪術も法律や医学と同じくらい重要な存在であった。

寺院の建築が「祟り」を鎮めるために行われたり、貴族の日常を「方違《かたたが》え」などの習慣が支配していたことはよく知られている。

当時の呪術の重要性から判断すれば、当然、中国の呪術が日本に伝来していなければ不自然である。

例えば密教は、宗教であると同時に呪術の宝庫でもある。密教と共におびただしい数の呪法が伝来したことは間違いない。

しかしそれだけではないはずだ。

隋の時代の中国では、すでに民間で蠱術《こじゅつ》が盛んに行われていた。蠱病《こびょう》も存在していたし、その治療方法も医学書の中に登場していたのだ。

この情報が日本に伝わらないはずはない。

しかし蠱術は人を害する邪術であるから、誇らしげに承継すべきものではなかった。だから蠱術は、密かに、目立たずに伝来したと考えられる。

いつ、誰が、どのような内容の蠱術を伝えたか。それは永遠の謎である。しかし、日本の呪術や怪異談の中に、確かに蠱《こ》の姿を見出すことができる。

この章では、蠱術の影響を受けたとみられる日本の呪術を確認してみよう。

◆呪物を埋める

平安時代の日本人は呪詛に怯えながら暮らしていた。恨みや、妬みは、呪詛という形になって人を襲うからである。

だから人々の呪詛に対する警戒心も強かった。政敵から恨みを買うことを避けられない有力者は、呪詛を行う者を摘発し、処罰することにも心血を注いでいたのである。

平安時代の日本では呪詛事件は少なくなかった。そうした中で最も有名なのは、藤原道長[1]を狙った円能《えんのう》の呪詛事件であろう。

寛弘六年[2]、藤原彰子[3]、敦成親王[4]、藤原道長を呪詛する陰謀が暴かれ、呪詛の実行者である円能が摘発された。円能は検非違使《けびいし》に尋問され、呪詛の具体的な方法をうかがわせる話をしている。

それは、呪符を作って埋めるという方法だった。似たような方法は『宇治拾遺物語』[5]にも記されている。この話は、蠱に興味をもつ人にとっては、あまりにも有名な話であろうから、要約して記すことにする。

[1]藤原道長：藤原道長（?―1028年）は平安時代の中期の貴族。天皇家の外戚（がいせき）として権勢をふるった。

[2]寛弘六年：寛弘六年は西暦一〇〇九年。

藤原道長は、法成寺《ほうじょうじ》に参詣するために白い狗《いぬ》を連れて歩いていた。
法成寺の門をくぐろうとしたとき、その狗が道長の足を止めた。
不思議に思った道長は安倍晴明を呼んで卜《うらな》わせた。
すると、境内の中に道長を呪う呪物が埋められていると判明した。
境内を掘ると、二枚の土器を黄色い紙縒《こよ》りで十文字に縛ったものが出て来た。
中には何も入っていなかったが、土器の底には何か一文字だけ朱で書かれていた。
安倍晴明はこの呪術を知る者は、自分以外に道摩法師[6]しかいないと見抜いた。

呪物を呪詛の対象が歩きそうなところに埋める。これは、どこかで聞いたことがある話だ。漢の時代に頻発した巫蠱《ふこ》を思い出して欲しい。当時の中国では、呪詛対象者の近辺に、桐木人《とうぼくじん》を埋めていた。

平安時代の日本では、埋める呪物は呪符である場合もあれば、得体の知れない土器《かわらけ》である場合もあったようだが、呪式は似通っている。恐らく、呪力を与えられた呪物に呪詛の対象者が近づくと、呪いの効果が生じるのであろう。

それは石蠱《せきこ》の話とも近似している。蠱師《こし》は石蠱を密かに路傍に置く。その石蠱の近くを通るだけで蠱に中るのだ。平安時代に用いられた、呪物を埋めて人を呪う呪式は、中国漢代の巫蠱や、現代中国にもあると言われている石蠱と同じ系統の蠱術であると言え

[3]藤原彰子：藤原彰子は、藤原道長の長女であり、一条天皇の中宮であった。また、後一条天皇および後朱雀天皇の生母でもある。

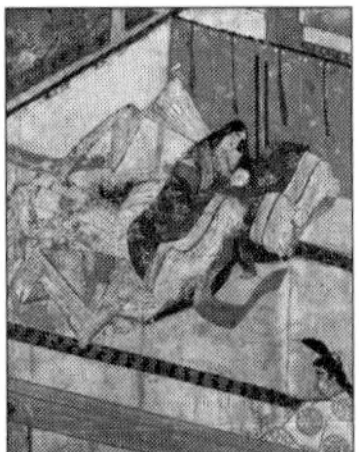

[4]敦成親王：敦成親王は、一条天皇の第二皇子であり、後の後一条天皇である。

[5]『宇治拾遺物語』：13世紀前半頃に成立した説話集である。二百弱の物語りを収載している。

[6]道摩法師：道摩法師は蘆屋道満（あしやどうまん）の異名。

よう。

蠱術は、一般的には、生き物の力を触媒として用いる呪術である。しかし触媒としての生物の存在は蠱術の本質ではない。植物の葉であっても、無機物であっても、蠱になりうるのだ。

◆憑きもの筋

呪物を埋めるのは、多様に分化した蠱術の中では特殊な系統である。やはり蠱術の主流は動物の存在を前提としている。そしてそのような蠱術も日本に伝来していると見るべきなのだ。

日本の怪異のひとつに「憑きもの」がある。その代表が、狐憑きである。

私はかつて、狐憑きというものは、ある日突然、狐が憑いたような異常行動を始める現象だと勝手に思い込んでいた。

医学を学ぶようになってからは、精神疾患と関連があるのではないかという軽い好奇心に駆られて、狐憑きに関する文献を読むようになった。

その時になって初めて知ったのだが、日本には狐憑き、あるいはこれに類似する現象がいくらでもあり、この現象についての研究も膨大に蓄積されている。

そうした研究の中には、古文書に記された狐憑き研究だけではなく、民俗学者による近年のフィールドワークも少なくない。つい最近まで、いや、現在に至るまで、日本各地に狐憑きは存在するのである。

狐憑きの様子が描かれた絵

狐憑きは、単に動物の霊が憑依するだけの現象ではない。そういう憑依現象を狐憑きと呼ぶ場合もあるが、実は、憑依現象の裏には複雑な背景があるのだ。

古文書の記録、民俗学者の研究によれば、日本各地には古くから「憑きもの筋」と呼ばれる家系がある。

憑きもの筋とは何か。それは、動物の霊を操る人たちである。

操られる動物の種類は多様であり、動物を操る目的も一様ではない。憑きもの筋になる理由も、能動的な場合もあれば、受動的な場合もある。

だから全ての憑きもの筋を同質なものと考えることはできない。憑きもの筋にも様々な系統があるのだ。

その系統ごとに調査研究をしている専門家がいるほど多様なのである。

そうした研究者の研究成果を読むと、憑きもの筋にまつわる様々な伝承の中には、蠱術とあまりにも酷似した話が出てくる。

動物の霊を操ること自体が、蠱師《こし》と類似しているのだが、蠱師と憑きもの筋との類似性はそれだけにとどまらない。

これからいくつかの憑きもの筋について紹介しよう。すでに見て来た中国の蠱術との類似点に驚かれるはずだ。

◇飯綱使い

飯綱使《いづなつか》いは、イズナ使い、イヅナ使いとも表記される憑きもの筋の一例である。

飯綱使いの伝承は、中部地方、東北地方などにあり、話の細部は一定していないので、飯綱使いにもいくつかの系統があるのかもしれない。

先ず、飯綱であるが、これはイイズナという鼬《いたち》の一種であるとする説が有力だ。

鼬の図（画像出典：『博物図動物１　獣類一覧』国立公文書館蔵）

飯綱使いは、狐憑き研究書には、ほぼ例外なく登場するが、キツネを使役するわけではないのだ。

一説には、飯綱使いは昔はキツネを使役していたが、後にイイズナを使役するスタイルが定着したという。古文書[7]には狐を使うことを「飯綱の法を修す」と記している例があることから、飯綱使いの起源は狐使いであったと考えられている

[7]古文書：『本朝食鑑』（ほんちょうしょっかん）のこと。『本朝食鑑』は江戸時代に人見必大（ひとみひつだい）が著した本草書（ほんぞうしょ）である。通常、本草書と言えば漢方薬を収載した書物であるが、本朝食鑑に載っているのはほとんどが食材である。狐や猫が載っていることから、昔の日本では薬膳として狐や猫を食べることがあったのかもしれない。

のだ。

イイズナという動物を見たことがないなら、一度でいいから、画像検索をおすすめする。あまりの可愛さに、これが呪術の媒介をする動物であることなど、瞬時に忘れてしまうだろう。

ところが、飯綱使いは、イイズナを利用して悪事を行うという。

この場合のイイズナは可愛らしい姿かたちをした小動物ではなく、常人の目には見えない霊的な存在である。

藤の花びらを芯にして、胡麻油を燃やした炎で見ると、通常人にも見ることができるそうだ。何やら、犀角の炎で魑魅魍魎を見る話を髣髴《ほうふつ》とさせるではないか。

霊的な存在を動物のイイズナと区別して「イズナ」と呼ぶことにしよう。

飯綱使いの目的のひとつは経済的な利益である。飯綱使いはイズナを使役して泥棒させることもあったようだ。この動機は財産を目的にして金蚕蠱《きんさんこ》を作る話に通じるところがある。

しかしそれだけではない。

イズナが恐れられているのは、飯綱使いがイズナを飛ばし、狙った相手を病気にさせるからだ。イズナを飛ばされると、精神異常を示すようだが、過食症になったり、金遣いが荒くなる、色情異常になるなどの話もあるようだ。

こうした病気は医師には治せない。治療は呪術師に依頼するのだ。この点も蠱病と類似している。

イズナは猫を恐れるので、飯綱使いは猫を飼わないそうだ。また、イズナは繁殖力が旺盛で、飯綱使いが持て余すほど、数が増えすぎてしまう。まるで鼠のような性質を具えているのだ。

数が増えすぎてしまった場合には、イズナを編み笠に入れて海に流すという。

では、最初にイズナを作り出す方法は解明されているのだろうか。飯綱使いが狐を使っていたころの話として、次のような方法が語られている。

狐の穴を掘って腹の中に子がいる雌狐を捕まえる。

この狐を丁寧に育てると、後にこの狐が子を産み、その子に名前を付けるように頼みに来る。

その時に狐の子に名前を与えると、その後は、名前を呼ぶと狐がやってくるようになる。

狐の姿は他人には見えない。どんな質問をしても狐が知らないことはない。

他人に姿が見えないというのだから、やはりこの狐も霊的な存在なのだ。

飯綱使いも同じような方法でイズナを生み出し、使役しているのだろう。

◇オサキ狐憑き

オサキ狐は、お崎狐、おほさき、ヲサキ狐などと表記される動物である。

オサキ狐の正体はヤマイタチであると言われている。オサキ狐という名前とは裏腹に、やはりキツネではないのだ。

オサキ狐が憑くという場合には、動物そのものではなく、やはり霊的なものが憑りつくことを意味する。

オサキ狐は人為的に作られるものではないらしい。あるとき突然、ある家に憑りつくのだ。そしてその一家から離れなくなる。その家から別の家に嫁に行くと、嫁入り先の家にもオサキ狐が憑りつくのだ。

オサキ狐は、もともとは秩父にいたが、後に武蔵国[8]にも広がったと言われる。秩父から武蔵国へ嫁に行く人がいたからだろう。

オサキ狐は、意図して作られるわけではないし、オサキ狐が憑いた家の者が使役できるわけでもない。だからオサキ狐憑き筋は、蠱師ではないのだ。

ただしオサキ狐の性質は金蚕蠱に似ている。

オサキ狐が憑いた家は、たとえ貧しかったとしても、豊かになるというのだ。オサキ

[8]武蔵国：武蔵国は、現在の東京、埼玉、神奈川に跨る地域に相当する。

狐は他人の財産を運んでくるので、オサキ狐のいる家は富み栄えるのである。金蚕蠱が主に「爆富」をもたらすことを思い出させる話である。

　しかし、オサキ狐がもたらす栄華は、長くは続かない。オサキ狐は気まぐれであり、時間が経つと、今度は家の財産をどこかに持ち去るからだ。この結果、最初の頃よりも貧しくなることもあったようだ。

　またオサキ狐憑き筋の家の道具を別の家に持ち込むと、それと一緒にオサキ狐がやってくるという。これも「嫁金蚕《かきんさん》」を思わせる話だ。

　毎日食を与えれば害はないが、怠ると食料を食い荒し、もし怒りを発すると、人の腹に入って食い殺すという恐ろしい一面もある。

　この話も金蚕蠱の扱いが難しく、多くの蠱師が最後には持て余してしまうという話と類似している。

　オサキ狐が蠱だとすれば、それははるか昔に主を失った蠱なのかもしれない。

　昔、日本のどこかで、金蚕蠱を作り出す呪術に類似した呪法を知る誰かが、オサキ狐を作り出

商人の袖から顔をのぞかせるオサキ狐

した。

しかし、その扱いを誤り、蠱師は死んでしまった。主を失ったオサキ狐は、付近の住民に憑りついて後の世に残り、秩父一帯、さらに別の地域へと広がって行った。

オサキ狐と金蚕蠱の類似性からは、こうした闇の歴史が見えてくるような気がする。

◇クダ狐

クダ狐は、くだもち、クダ屋、クダ使い、くだ匠などと呼ばれる呪術師に使役される動物の霊である。オサキ狐のことをクダ狐と呼ぶこともあるようだが、一般的にはクダ狐のほうが小さいと考えられているようだ。

この呪術が上方から「下ってきた」から、クダ狐と呼ばれるという説もあるが、竹の筒に入れて持ち運ばれたことから「管狐」と呼ばれるとする説が有力だ。

竹の筒に入るくらいだから、やはり狐ではなく、もっと小さな動物から作られたはずだ。

そして、どうやら、この竹の筒が、重要な役割を果たしていたらしい。

竹の筒は、単にクダ狐を運ぶための道具ではなかったようなのだ。中には呪符、呪物の類が入っていたという説もある。また、中のクダ狐は小動物のミイラだったという説もある。要するに竹筒は、それ自体が呪物なのだ。

クダ狐については、その作り方は伝えられていない。

ただし、管理法の一部は知られている。

クダ狐の主は、雄雌の一対を所有している。雄雌がいるので、クダ狐は子を産んで増える。主は増えたクダ狐も含めて、餌を与えて養わなければならない。

クダ狐の図

しかし繁殖力が旺盛なので、餌を調達する資金が不足してくる。

正当な方法では追いつかないので、クダ屋は悪事を働いて餌代を捻出しなければならなくなる。

こういう事情があるので、クダ狐の主は身を滅ぼすことが多いそうだ。

また、クダ狐をいったん手中に収めると、捨てることはできないらしい。他人に譲ることはできるようだが、クダ狐のほうで気に入らなければ、元の主のところへ戻って来るという。

いったん管理を始めると、放棄することができないというのは、やはり金蚕蠱の性質と類似している。

クダ狐は増えて管理が行き届かなくなると、人に憑くという。

クダ狐が憑くと、味噌を大量に食べるとか、飯を大量に食べるようになると言われている。別の話として、クダ狐は人に憑りついて腸を食い尽くすという説もある。

このように危険なクダ狐を所有する理由として、クダ狐がいると裕福になるとか、クダ狐には予知能力があり重宝するからだ、などと言われている。

クダ狐は他人を害する呪詛のために飼っているわけではないのだ。この点は、一般的な蠱術とは異なると言わざるを得ない。

◇狗神筋

狗神筋は四国、中国、九州地方などで語られる怪異である。これらの地域には、狗神筋と呼ばれる家系があるそうだ。

狗神筋の怒りを買うと、狗神が耳の穴から相手の体に侵入し、その人に憑依して、病に陥らせるという。

狗神の憑依により、高熱、精神異常、頭痛、胸の痛み、手や脚の痛みなどの症状が現れる。まるで狗のような鳴き声を出すこともあるという。また、民俗学者のフィールドワークによれば、登校拒否になる場合もあるそうだ。

こうした症状は、医師が治療しても、治すことはできない。呪術的方法でしか治療できないのだ。具体的には、呪術師に依頼するか、狗神落としの霊験がある神社に行くことになる。

例えば、徳島県にある賢見神社《けんみじんじゃ》は、狗神落としの神社として知られており、今でも多くの参拝者を集めている。同じような霊験を示す神社は、四国には少なくないようだ。

狗神を憑依させる能力は、多くの場合、女性に具わるという。そして血のつながりが無くても、狗神筋に嫁いだ女には、その能力が具わるらしい。

狗神は狗の怨霊であると考えられるが、その姿は、通常は、狗の形をしていない。米粒ほどの大きさであるとか、コウモリの姿をしているとか、大きい鼠に似ているとか、鼬のようであるなど、その姿についての話は、千差万別なのである。

狗神の実体は霊的なものであるから、常人に見える仮の姿は、いかようにも変化しうるのかもしれない。蠱には一定の姿が無いという説を思い出させる話だ。

狗神はどのように作られるのだろうか。そして、狗神は何のために作られるのか。

狗神の図

この点を明確に述べた記録がある。

江戸時代中期の儒学者である太宰春台《だざいしゅんだい》[9]が著わした『柴芝園漫筆《ししえんまんぴつ》』には、次のような内容の記事がある。

> 土佐には犬蠱《けんこ》があり、雲州には狐蠱《ここ》がある。どちらも人を害する。

[9] 太宰春台：（1680年－1747年）江戸時代中期の儒学者である。著書に『経済録（けいざいろく）』、『経済録拾遺（けいざいろくしゅうい）』などがあり、日本に「経済」という言葉を広めた人物として知られている。

餌を与えずに犬を繋いでおいて餓えさせ、その目の前に飯や魚肉を置く。犬は餌を欲して首を伸ばすが、届かない。そうしておいて犬の首を切り落として、これを祀る。

蠱師は誰かに恨みを抱いた場合、あるいは他人の財貨を見て、手に入れたいと思ったときに、その相手を病気に罹らせる。

この病気は医師には治せない。必ず蠱師を探して謝罪し、蠱師が欲するものを与えなければならない。

太宰春台は、狗神を明確に「犬蠱」という文字を使って表現している。そして犬蠱や狐蠱は、中国の猫鬼と似たものであると断じているのだ。

この他にも狗神の作り方は伝わっているが、内容は大同小異である。狗を虐待したうえで殺し、その怨霊を狗神として使役するのである。

太宰春台が「犬蠱」と呼んだように、狗神は明らかに蠱術により生み出された呪術的な存在だ。

ただし狗神を作り出す残酷な呪術が現代の日本で実施されているとは思われない。今でも狗神は存在すると言われているが、恐らくそれは、過去に作り出された蠱なのであろう。

一度作り出された蠱は数百年の寿命を持つと言われている。江戸時代に作られた蠱なら、まだこの先、数百年は消え去らないはずである。

◆小結——日本の風土が選別した蠱術

憑きもの筋の全てとまでは言わないが、その多くは蠱術の延長線上にあると思われる。そうだとすれば、憑きもの筋の歴史は非常に古いことになる。

しかし不思議なことに、憑きもの筋の話が日本の記録に現れるのは、十八世紀頃からだそうだ。

中国の蠱術が有史以来の呪術であることを考えると、なぜ、もっと早い段階で、動物を使う蠱術の話が語られていないのだろうか。

恐らく、こういうことだろう。

中国から日本への蠱術の伝来は、一回限りのものではなく、波状的、連続的なものであった。平安時代に伝来した蠱術は、無機物を媒介にする漢代の巫蠱の系統だったに違いない。

しかしその後も断続的に蠱術は輸入されていたのだ。

商業が発達し、民間人の交流が盛んになるにつれて、動物を虐待して蠱を作り出す邪術や、他人の財産をかすめ取るための邪術が流入した。

金蚕蠱のように、小さな虫から蠱を作れば目立たずに済む。しかし日本では、狗や鼬などの比較的大きな動物から蠱を作る呪法が定着した。これは日本の気候風土が昆虫、毒虫の飼育に適していなかったからだろう。

中国でも、王朝の支配地域が、中原《ちゅうげん》[10]と呼ばれる北方であった時代には、虫から作られる蠱ではなく、桐木人や、猫鬼が主流であったのだ。

中国の蠱術の中には、日本の気候風土に適した流儀が、もともと存在していた。それが日本に伝わり、定着したのだろう。

我々はふだん意識していないが、漢字、年号、食文化など、日本は様々な点で、中華文明の影響下にある。蠱術という中国を代表する呪術も、やはり日本の呪術界に大きな影を落としていたのである。

[10] 中原：中原は黄河中下流域の平原地帯。河南省、山東省西部、河北省と山西省の南部、陝西省の東部などが含まれる。

後書き

蠱を知ったのはいつだろうか。もうおぼえてはいない。どこかで読んだのか、誰かから聞いたのか。それすら今となってはもうわからないのだ。

遅くとも学生時代には、すでに蠱についての漠然としたイメージを抱いていたことをおぼえている。

多数の虫を集めて食い合いをさせる呪術。

恐らく多くの人が、その頃の私と同じイメージを抱いているはずだ。

蜈蚣、蠍、蜘蛛、百足、蛞蝓……

蠢く虫たちが弱肉強食の地獄絵図の中で毒針に刺され殺されてゆく。その死骸を貪り食う虫が今度は後ろから別の虫に狙われる。

この禍々しいイメージは呪術の不気味さを強調するための作り話に違いない。

あまりにも気味の悪い話は、反ってそのせいで、出来すぎた物語のように思われた。

だから私は蠱のことを忘れていた。

あの頃からどれだけの歳月が経過したことだろう。

私は漢方の専門医として中国の病院に勤務していた。その病院では週に二回の当直が割り当てられていた。幸い、夜間の患者は少なかった。

患者がいない夜、私は病院の一室で漢方の古典を読み耽っていた。

現在の中国では漢方の古典の多くは電子化されており、インターネットを利用して閲読できる。電子化されているのは医学書ばかりではない。主要な歴史書なども電子化され、手軽に読むことができるのだ。

当初、私は日本で多用される漢方処方の来歴を調べていた。

古典に示されたオリジナルの処方を見ると、現在の日本で用いられている処方よりも多くの薬が使われていることが多い。また薬を配合する割合が異なることもある。そうした微妙な差異が薬の効き目を左右すると言われている。古い医学書は自分の受け持ち患者の治療法を検討するために大いに役に立った。

ある夏の夜、漢方の古典を読んでいるうちに、私は「蠱」という文字に出会った。

初めは興味本位で読んでみた。

そこには蠱病の症状と治療法が記されていた。

中国の医学書には特徴がある。それは、過去の医学書の内容を転載し、その上で新しい知識を加えるという編集スタイルである。

だから比較的新しい本を読むと、その中には過去の医学書の内容が記されている。

蠱についても同様だった。

私は最初に発見した蠱の記事から辿って古い記録にも目を通した。

こうして私は、蠱が、かつての中国で医学者たちの重大な関心事であったことを知ったのだ。

「蠱」をキーワードにして検索をかけると、漢書、隋書などの古い歴史書にも蠱は記載されていた。

しかしそれだけではなかった。

現代の中国にも、蠱に関する大量の情報が氾濫しているのだ。

それは単なる噂話に留まらない。中国には実際に今でも蠱を使う呪術師が存在し、その呪術によって病気になった患者を救う呪術師がいるのだ。

中国政府は迷信打破を党是としている。中国ではテレビ番組などを通じて蠱は迷信だという宣伝が行われているのだ。そのことは逆に、蠱が未だに強く信じられていることを示している。

私は蠱に関する記事、噂話、体験談、報道に接するたびにそれを記録し保存した。

そうした資料から、蠱という呪術は決して作り話などではなく、過去の中国、そして現在の中国でも多くの人たちの行動を束縛する現実的な力を持っていると確信した。

本書では中国社会の陰で連綿と受け継がれてきた蠱の全体像を紹介したつもりだ。

中国はいまだに謎に満ちた不思議な国である。蠱を知ることを通じて、中国文化の知られざる一面を理解していただけたら幸甚である。

参考文献

狐の日本史　近世・近代篇　単行本　中村禎里著　日本エディタースクール出版部　２００３年
狐の日本史　古代・中世篇　単行本　中村禎里著　日本エディタースクール出版部　２００１年
怪異の民俗学〈１〉憑きもの　単行本　小松和彦著　河出書房新社　２０００年
疫病（ハヤリヤマイ）と狐憑き―近世庶民の医療事情　昼田源四郎著　みすず書房　１９８５年
憑霊信仰論　妖怪研究への試み（講談社学術文庫）　小松和彦著　講談社　１９９４年
日本の憑きもの―社会人類学的考察（中公新書）　吉田禎吾著　中央公論新社　１９９９年

【著者略歴】

村上文崇（むらかみ・ふみたか）

1970年生まれ。東京大学文学部卒。上海中医薬大学卒。

中国の医師免許取得後、上海の総合病院で診療に従事。

現在は帰国し、漢方、薬膳を研究する養生医学研究協会を主宰。漢方、薬膳、中国の現代文化などに関するコンサルティングを行うTCMediCo代表。

著書に、『読む漢方薬　ストレスに負けない心になる「人生の処方箋」』（双葉社）『知識ゼロからの薬膳入門——身近な食材で今日からできる「正しい薬膳」の基本』（自由国民社）などがある。

また中国の現代文化、伝統医学について、ウェブサイトでも情報を発信している。

中国医学をテーマにした漫談を披露する漢方漫談家の顔をもつ。

著者HP：http://www.tcmedico.com →

【新装版】中国最凶の呪い　蠱毒《こどく》

2024年9月18日第一刷

著　者　村上文崇

発行人　山田有司

発行所　〒170-0005
株式会社　彩図社
東京都豊島区南大塚3-24-4
MTビル
TEL：03-5985-8213　FAX：03-5985-8224

印刷所　シナノ印刷株式会社

URL https://www.saiz.co.jp　https://x.com/saiz_sha

© 2024. Fumitaka Murakami Printed in Japan.　　ISBN978-4-8013-0739-1 C0039